M. A. Levy

Geschichte der jüdischen Münzen

M. A. Levy

Geschichte der jüdischen Münzen

ISBN/EAN: 9783743358669

Hergestellt in Europa, USA, Kanada, Australien, Japan

Cover: Foto ©Andreas Hilbeck / pixelio.de

Manufactured and distributed by brebook publishing software (www.brebook.com)

M. A. Levy

Geschichte der jüdischen Münzen

GESCHICHTE

DER

JÜDISCHEN MÜNZEN.

GESCHICHTE

DER

JÜDISCHEN MÜNZEN.

GEMEINFASSLICH DARGESTELLT

VON

D͞R͞ M. A. LEVY.

Mit sehr vielen in den Text eingedruckten Holzschnitten von Münzabbildungen und einer Schrifttafel.

―――――――

BRESLAU.

SCHLETTER'S BUCHHANDLUNG (H. SKUTSCH).

1862.

Vorrede.

Die vorliegende Schrift war zunächst für das „Institut zur Förderung der israelitischen Literatur" ausgearbeitet, und von den Leitern desselben mir gütigst verstattet worden, eine geringe Anzahl Exemplare dem Buchhandel zu übergeben. Da das genannte Institut zum grossen Theil gebildete, zum geringeren Theile gelehrte Männer unter den Abonnenten der von ihm zum Druck beförderten Schriften zählt, so musste seiner nächsten Bestimmung gemäss: ein grösseres Publikum für die literarischen Erscheinungen auf dem Gebiete des Judenthums zu interessiren, seinen Mitarbeitern die grösstmöglichste Rücksichtnahme auf diese Verhältnisse anempfohlen und so daher vor Allem die Behandlung der zu veröffentlichenden Schriftwerke eine populäre sein. Wenn mir nun auch durch den Gang meiner Studien schon seit längerer Zeit die Untersuchung über die jüdischen Münzen am Herzen gelegen, ja sogar mit besonderer Vorliebe darauf stets mein Augenmerk gerichtet war, so bin ich doch nicht ohne Scheu an die Bearbeitung eines Gegenstandes gegangen, der bis jetzt nur auf streng wissenschaftlichem Wege behandelt worden ist. Ich habe daher die Form gewählt: an der Hand der

dahin einschlagenden jüdischen Geschichte meine Leser zu
geleiten und sie mit den auf dem Wege angetroffenen Münz-
denkmälern bekannt zu machen; das specifisch Wissenschaftliche jedoch theils den Anmerkungen, theils dem
Anhange anvertrauend. Ob es mir gelungen sei, auf solche
Weise weitere Kreise für mein Lieblingskind zu interessiren, muss ich abwarten; ist doch bekanntlich das Urtheil
der Welt das beste Correktiv für Eltern, welche allzusehr
für ihre Lieblinge eingenommen sind. — Verblendet war
ich jedoch keineswegs über die Schwierigkeit meines
Unternehmens, sowohl in Bezug auf die Form, als auch auf
das mangelhafte Material, das bis jetzt zu einer Geschichte
der jüdischen Münzen zusammengebracht worden ist, so dass
auf völlige Klarheit und Vollständigkeit von vornherein
Verzicht geleistet werden musste. Desshalb jedoch von einem
Versuche: einen kleinen Beitrag zur Münzgeschichte der
Juden zu liefern, abzustehen, schien mir nicht räthlich, da
man einen Autor der Eitelkeit zeihen müsste, wenn er in
dem Glauben ein Scherflein zur bessern Aufhellung irgend
einer archäologischen Untersuchung beitragen zu können,
aus Furcht, die nächstfolgende Zeit könnte durch neue Funde
seine Ansichten widerlegen oder sein ganzes Gebäude über
den Haufen werfen, die Feder aus der Hand fallen lässt.
Es kann uns vielmehr freuen, wenn neue Entdeckungen,
oder fernere Untersuchungen unsere Ansichten wesentlich
modificiren sollten. Die Hoffnung aber auf baldige glückliche Funde auf dem Boden Palästina's ist auch gerade
keine ganz illusorische, da in neuerer Zeit französische
Gelehrte dieses Land im Dienste der Alterthumskunde be-
reist haben. Der Veröffentlichung ihrer wissenschaftlichen
Ausbeute darf man bald entgegen sehen und die Münzkunde

auch wohl einen Zuwachs an neuem Material erwarten. Be-
trübend aber ist es jedenfalls, wie wenig unsere Glaubensgenossen im heiligen Lande, denen Jahr aus Jahr ein so
bedeutende Spenden von ihren Brüdern im Abendlande zu-
fliessen, für die Aufklärung der Alterthümer dieses Landes
gethan haben und noch thun. Wir wissen zwar recht wohl,
dass dem grössten Theil der dortigen jüdischen Bewohner
der wissenschaftliche Sinn für derartige Untersuchungen
abgeht, doch nimmt es uns Wunder, dass der Reiz nach
Gewinn, den glückliche Funde von Antiquitäten mit sich
führen, sie aus ihrer Indolenz nicht herauszubringen vermag.
Auch die jüdischen Gelehrten, welche zur Realisirung hoch-
herziger Zwecke Palästina besucht haben, konnten leider
der archäologischen Wissenschaft nicht ausschliesslich ihre
Dienste weihen, zumal ihren edlen Absichten sich so
viele Hindernisse in den Weg gestellt haben, dass nur der
Förderung ihrer Hauptaufgabe alle ihre Kräfte gewidmet
sein mussten. Doch hoffen wir von der Zukunft bessere Resultate, wenn eine grössere Begeisterung für die Alterthümer des heiligen Landes bei unsern Glaubensgenossen sich
regen wird. Noch immer harren kostbare antiquarische
Ueberreste des jüdischen Volkes im Schoosse der Erde der
Auferstehung, keine Ausgrabung von grösserem Umfange
ist bisher auf dem Boden Palästina's, oder doch in der Nähe
Jerusalem's vorgenommen worden. Wer die Schicksale des
jüdischen Volkes bei der Belagerung durch Titus nach der
Erzählung des Josephus aufmerksam verfolgt hat, dem kann
es nicht entgangen sein, dass noch bedeutende antiquarische
Schätze unter der Erde auf dem Platze, wo das alte Jeru-
salem gestanden hat, zu heben sind. Mögen hocherzige
Männer die Wünschelruthe sachkundigen Gelehrten anver-

trauen und, um sie mit Erfolg zu führen, sie durch ihren
irdischen Segen unterstützen. Doch zurück zu unserer
Münzgeschichte!

Von den literarischen Erscheinungen auf dem von uns
behandelten Gebiete haben wir nach besten Kräften Gebrauch gemacht. Auf manche in den benutzten Werken
ausgesprochene Ansicht wären wir gern noch ausführlicher,
als es geschehen ist, eingegangen, wenn wir einen Nutzen
davon hätten erwarten dürfen, und wenn uns nicht ein bestimmter Raum zugemessen wäre, den wir nicht ohne Noth
überschreiten mochten. Das Werk von Queipo: „Essai sur
les systèmes métriques et monétaires des anciens peuples,
3 Vols. Paris 1859" kannten wir während der Ausarbeitung
unserer Schrift nur durch die Anführungen in Mommsen's
römischer Münzgeschichte; erst nach Vollendung des Druckes
ist es uns zu Händen gekommen. So grossen Fleiss auch
der Verfasser auf sein Buch verwandt hat, so ist es doch
für unsern Zweck nicht sehr brauchbar, da die sehr zahlreichen Münzwägungen ohne Rücksicht auf die Münzen
selbst, die ohne alle nähere Beschreibung aufgeführt werden, vorgenommen worden. So ist es denn gekommen, dass
Herr Queipo auch bei der Behandlung der jüdischen Münzen die sonderbare Ansicht aufstellt, dass zu gleicher
Zeit nach den verschiedensten Systemen geprägt
worden sei, weil die Wägungen ihm verschiedene Resultate
geliefert haben. Diese waren aber einerseits durch veränderte
Verhältnisse der Zeit, in welche die Prägung fällt, bedingt,
anderseits finden sie durch die Erwägung, dass Ganz-,
Halb- und Dreiviertelstücke unter den aufgeführten Stücken
sich befinden, und nothwendig ein verschiedenes Gewicht
haben müssen, ihre Erklärung. Wir und unsere Leser haben

also nicht sehr viel verloren, dass uns das Werk nicht
früher zu Gesicht gekommen ist; die erste Tafel, Band III.,
welche die Wägungen jüdischer Münzen in reicher Anzahl
giebt, verbunden mit dem darüber Band I. Gesagten, hat
uns nichts Neues geboten und das vermeintlich Neue haben
wir nicht als richtig anzuerkennen vermocht. Dasselbe gilt
auch von dem, was über die assyrischen Gewichte (s. Anhang I d. unserer Schrift) vorgetragen wird. Das Bessere
aus dem Werke hat übrigens Mommsen in seiner erwähnten Münzgeschichte theilweise benutzt und wir haben es mit
Dank aufgenommen: Dahin gehört z. B. die Bestimmung
des Verhältnisses der Gold- und Silberwährung in alter Zeit.

Das Gewicht der Münzen ist in unserer Schrift in der
Regel nach der jetzt allgemein in numismatischen Werken
üblichen Weise nach französischen Grammen aufgeführt
worden. Diese Angaben lassen sich leicht nach unsern und
englischen Nominalen berechnen. Ein Kilogramm (tausend
Gramme) wiegt zwei Pfund Zollgewicht, folglich:
1 Pfund = 30 Loth = 500 Gramme
    1   -   = 16⅔   - (od. = 16,66 . . . .)
    1   -   = 18,83 par. Gran.
Nach englischem Gewichte ist aber 1 pariser Gran =
0,82 englische Gran.

Sonstige technische Ausdrücke der Münzwissenschaft
haben wir womöglich zu vermeiden gesucht; Avers (abgekürzt Av.), d. h. diejenige Seite der Münze, auf welcher
sich die Hauptinschrift, bei griechischen und römischen, auf
welcher sich der Kopf des Münzherrn befindet, ist gewöhnlich durch rechte Seite und der Revers (abgekürzt R)
durch linke wiedergegeben. Oft ist diese Benennung jedoch

eine willkürliche, von der Ansicht abhängig, auf welche
Seite man das grösste Gewicht legt.

Die Holzschnitte in unserm Werke sind unter unserer
Aufsicht von einem hiesigen talentvollen jungen Künstler,
Herrn P. Wurst, ausgeführt, und sind sie, sowie die Schrifttafel, zur Orientirung eine gewiss nicht unwerthe Zugabe.
Zur Herstellung derselben haben die Leiter des früher erwähnten Instituts gern die Mittel bewilligt, wofür ihnen
öffentlich zu danken wir mit Freuden die Gelegenheit
benutzen.

Breslau, December 1861.

Der Verfasser.

Inhaltsverzeichniß.

Inhaltsverzeichniss.

Einleitung.

§. 1. Literarhistorische Uebersicht der Behandlung jüdischer Münzen.[1]

Es gehört gewiss zu den erfreulichsten literarischen Erscheinungen der Neuzeit, dass unsere geschichtlichen Studien immer mehr dahin zielen die Entwickelung der Menschheit im Laufe der Zeit aufzuzeigen, einem jeden Volke und jeder Erfindung, welche jene gefördert oder gehemmt, den richtigen Platz anzuweisen oder mit einem Worte, dass man als das Endziel der historischen Forschung die Culturgeschichte betrachtet. In diesem Lichte angesehen wird auch die Münzwissenschaft nicht als blosse Liebhaberei, eine Münzsammlung nicht als Raritätencabinet gelten können, jene ist ein Glied des grossen Ganzen, das die allmälige Entfaltung der menschlichen Geisteskräfte im Bereiche des materiellen und geistigen Schaffens uns vorführt; die Münzkunde bereichert also unser Wissen um die Kunst, Industrie, Handel, Gewerbe und religiöse Anschauung eines bestimmten Volkes in einer bestimmten Zeit; sie ist mithin eben so nützlich und fördernd, als nothwendig zur Culturgeschichte. Je dunkler aber die Vorzeit

---

[1] Die ältere Literatur über diesen Gegenstand giebt ausführlich Hartmann: Untersuchungen über asiatische Denkmäler etc. II, S. 295 fg. und Eckhel: Doctrina nummorum III, p. 455 fg.

eines Volkes ist, je spärlicher die schriftlichen Quellen für die
Kenntniss derselben fliessen, um so werthvoller sind solche
eherne Denkmäler, welche unverfälschte Zeugnisse von der
Bildungstufe jenes Volkes und seinen Beziehungen zu andern
Völkern ablegen. Wird in solcher Weise die Münzgeschichte
aufgefasst, so macht man auch an sie die Ansprüche, nicht
nur eine Beschreibung der Aufschriften, des Gewichtes, des
künstlerischen und materiellen Werthes der Münzen, sondern
den Nachweis zu geben, wie dieselben zum volkswirthschaft-
lichen Leben überhaupt sich verhalten, wie Verkehr und Handel sie bedingt und wie sie ihnen entsprochen haben. Nach
diesen Gesichtspunkten ist jedoch die Münzkunde erst in
neuerer Zeit aufgefasst[1]), ältere Münzgeschichten tragen in der
Regel das Gepräge einseitiger Anschauung an sich, sie waren
lediglich Münzbeschreibungen. Freilich muss diese der
Münzgeschichte in dem Sinne, wie wir eine solche aufgefasst
zu sehen wünschen, vorausgehen; ein möglichst genaues und
gesichtetes umfangreiches Material kann erst den erforderlichen
Stoff zu einer Münzgeschichte eines bestimmten Volkes bieten,
und wenn gründliche historische Forschung die dunkeln
Gänge desselben hinlänglich beleuchtet hat, so wird jene Geschichte leichter und lichtvoller in's Werk sich setzen lassen.
Zu einer jüdischen Münzgeschichte, zu der wir im
Folgenden einen kleinen Beitrag zu geben versuchen wollen,
ist nun allerdings noch nicht das gehörige hinreichende Material gesammelt, wiewohl die historische Forschung in den
letzten Zeiten die Vorzeit des Volkes der Israeliten aufzuhellen
nicht geringe Verdienste sich erworben hat. Die Geschichte
der jüdischen Münzen datirt erst von etwa acht Jahrzehnten;
doch sind die Entdeckungen der Neuzeit auf diesem Gebiete
so verhältnissmässig bedeutend, dass es wohl an der Zeit ist

---

[1]) Ich nenne beispielsweise die treffliche Geschichte des römischen Münzwesens von Th. Mommsen, und die deutsche Münzgeschichte von Dr. J. H. Müller.

auch weitere Kreise mit ihnen, so wie überhaupt mit diesem Gegenstande, der Jedem, der sich für die Geschichte Israels interessirt, nicht fremd sein sollte, bekannt zu machen.

Den alten jüdischen Lehrern nach dem Schlusse des Thalmuds waren die ältern jüdischen Münzen mit sogenannten samaritanischen Aufschriften noch zu Gesichte gekommen, und sie erwähnen derselben auch in ihren Schriften[1]), wie Hai Gaon, (1020)[2]), Maimonides (1190)[3]), Nachmanides (1267)[4]), Estori-Ha-parchi (1322)[5]), Moses Alaschkar (1530)[6]), Asa-

---

[1]) Vergl. Zunz: Zur Geschichte und Literatur, S. 536, dessen Datum für die Abfassung der Schriften der genannten Gelehrten wir ebenfalls wiedergeben.

[2]) In seinem Commentar zur sechsten Mischnaordnung, Tohoroth, welche unter dem Titel קובץ מעשי ידי גאונים קדמונים Berlin 1856 erschienen ist; hier heisst es S. 41, zu Jedajim 4, 5 וזה שבידנו עתה זה הוא אשורי ושכיד כותים וכשכחוב על שקלי ישראל הוא רעץ „die Schrift, welche wir jetzt gebrauchen ist die Aschuri, die aber die Kuthäer haben und die sich auf den Sekeln Israels findet, ist das Ra'az.

[3]) S. Zunz a. a. O.

[4]) S. dessen Briefe am Ende seines Pantateuch-Commentars. Pressburg, Br. l. „In Aco fand ich eine Münze, welche auf der einen Seite einen blühenden Mandelstock, auf der andern eine Art Gefäss zeigt. Die Inschrift haben Kuthäer gelesen: שקל השקלים und ירושלים הקדושה . . ." Auch halbe Sekel hat Nachmanides gesehen. Abgesehen von der falschen Deutung der Typen und der Inschrift, ist der Fundort Aco wohl zu berücksichtigen, bis wohin die Münzen der Hasmonäer sich verbreitet haben.

[5]) S. dessen כפתור ופרח ed. Edelmann, Berlin 1852 p. 65, a, Parchi erwähnt einen Sekel (von Simon, dem Hasmonäer nach der Beschreibung), der 4½ Dirhem und einen Kirat wog.

[6]) S. dessen Rechtsgutachten ed. Sabionetta, no. 74, S. 135 „Wisse, dass von diesen Münzen (mit althebräischer Aufschrift) mir viele verschiedene Arten vorgekommen, Sekel und halbe Sekel; manche haben die Aufschrift, in dem und dem Jahre der Tröstung (לנחמה) Zion's und in dem und dem Jahre des Königs N. N. Auf einem Stücke sah ich einen Lulab nach der Weise, wie wir ihn binden und nahe am Bunde einen Ethrog. Ein deutscher Jude, welcher die

ria de Rossi (1571)[1]); auch bei christlichen Gelehrten vom
sechszehnten Jahrhundert an, wie Wilhelm Postellus, der 1538
zuerst zu Paris einen Schekel in Holzschnitt mittheilte, dem
Arias Montanus 1572 und Andere folgten, lässt sich Aehnliches bemerken, doch erst mit der Veröffentlichung des
Werkes von Franz Perez Bayer, Archidiakonus von Valencia:
„über die hebräisch-samaritanischen Münzen"[2]) ist die Bahn
zur genauern Kenntniss der jüdischen Münzen gebrochen worden. Bayer hatte auf seinen Reisen in Spanien und Italien
Gelegenheit gefunden, eine ansehnliche Zahl der genannten
Münzen zu sammeln und von tüchtigen Kenntnissen, so weit
seine Zeit und seine Stellung dieselben ermöglichten, unterstützt auch befähigt dieselben zu ordnen und zu erklären. Die
dazu gehörigen Abbildungen sind auf's Vorzüglichste ausgeführt, was denen seiner Vorgänger nicht in gleicher Weise
nachgerühmt werden kann. Das Buch von Bayer musste um
so grösseres Aufsehen erregen, da kurz zuvor ein deutscher
Gelehrter Oluf Gerhard Tychsen[3]) die Unächtheit aller bisher
bekannt gewordenen jüdischen Münzen nachzuweisen bemüht
war. Schon in der Vorrede widerlegt Bayer die paradoxen
Behauptungen Tychsens's und, als dieser durch fernere Schriften seine Ansicht verfocht und in höchst erbitterter Weise
auch andere Kämpfer in den Streit zog, noch gründlicher in

Münzschrift zu lesen verstand, sagte mir, er habe eine Münze gesehen, auf der sich auf der einen Seite eine griechische Inschrift
והרמש שלהם (Hermes?) und auf der andern eine althebräische (עבר:)
fände . . .; auch wir besitzen noch kleinere Kupfermünzen mit der
althebräischen Schrift versehen."

1) S. dessen Meor Enajim cap. 56. Die Inschrift des daselbst
abgebildeten Simon (Hasmonäer)-Sekel's hat de Rossi richtig gelesen,
bis auf das ש"ד, das Jahr 4, welches er „Sekel David's" las.

2) De numis Hebraeo - Samaritanis, Valentiae Edetanorum,
1781.

3) Die Unächtheit der jüdischen Münzen mit hebräischen und
samaritanischen Buchstaben bewiesen. Rostock 1779.

einer zweiten Schrift:[1] „Rechtfertigung der hebräisch samaritanischen Münzen," so dass von der Zeit an derartige Zweifel nicht mehr aufkommen konnten. Von dem Ende des
vorigen Jahrhunderts ist sodann unsere Kenntniss dieses Zwei-
ges der Münzkunde bis 1850 nicht wesentlich gefördert worden. In diesem Jahre schrieb der als Numismatiker wohlbekannte Abbé Cavedoni eine „biblische Numismatik"[2] und bald
darauf (1855) einen Anhang zu derselben, nachdem F. de
Saulcy ein vortrefflich ausgestattetes Werk: Untersuchungen
über jüdische Münzkunde[3], das die Wissenschaft mit ganz
neuen bisher unbekannten Münzen, welche er auf einer Reise
durch Palästina und Syrien gesammelt hatte, bereicherte, an's
Licht hatte treten lassen. Beide Gelehrte Cavedoni und de
Saulcy haben durch ihre Untersuchungen der jüdischen Münzkunde einen neuen Aufschwung gegeben, weitere Funde, von
denen im Verlaufe der Arbeit noch die Rede sein wird, haben
das Interesse an diesem Wissenszweige rege erhalten, so dass
man sich der Hoffnung hingeben darf, dass in Zukunft noch
manche Lücke ausgefüllt werde, die uns verhindert in völliger
Klarheit dieses schwierige Gebiet zu überschauen.

§. 2. Frühzeitiger Gebrauch des Silbers als Tauschmittel im Handel und Verkehr bei den Hebräern vor dem babylonischen Exil.

Schon die ältesten Naturvölker haben leicht für die Bestimmungen der Dinge im Raume und in der Zeit ein unge-

---

[1] Numorum Hebraeo-Samaritanorum vindiciae, Valentiae Edetanorum 1790.

[2] Numismatica biblica, o sia dichiarazione delle monete antiche
memorate nelle Sante Scritture, Modena 1850. Diese ist auch mit
schätzbaren Anmerkungen bereichert in's Deutsche übersetzt worden
von A. v. Werlhof, Hannover 1855, II. Theil das. 1856.

[3] Recherches sur la numismatique Judaïque; Paris 1854, mit
20 Tafeln Abbildungen.

fähres Maass gefunden, für jenen durch die zum Massen geeigneten Körpertheile: Hand, Finger und Fuss; für diese die
Himmelskörper: Sonne, Mond und Sterne. Schwieriger war
schon der Werth der Dinge zu bestimmen. So lange der
Handel im Tausche bestand, war der Bedarf des einen oder
andern Gegenstandes der gegenseitige Werthmesser der Waaren;
da dieser jedoch mannichfachen Schwankungen unterliegt, besonders bei Gegenständen, welche zum täglichen Bedarf gehören, wie Vieh, Eisen und dergl., so musste man bei zu-
nehmender Civilisation, besonders bei mehr sich erweiterndem
Verkehr und Handel nach einem Werthmesser sich umsehen,
welchem diese Mangelhaftigkeit der Schwankungen nicht an-
haftet. Einen solchen Werthmesser fand man an den edlen
Metallen, wegen ihrer Schönheit, Härte, Dauerhaftigkeit, leichter Schmelzbarkeit und besonders weil sie durch ihre Ver-
wendung im praktischen Gebrauch in bestimmte, enge Gränzen
eingeschlossen, nicht durch Ueber- und Unterproduktion den
Preisschwankungen allzusehr ausgesetzt sind [1]). So schwierig
auch die allmälige Entwickelung der gesellchaftlichen Zustände
der früheren Menschheit sich verfolgen lassen, so sehr die
Gewohnheit und die Vertrautheit mit geselligen Einrichtungen,
deren Entbehrung, wie z. B. den Gebrauch des Geldes, wir
uns kaum denken können, unsern Forschungstrieb befangen
halten, so zeigt doch die Lehrerin der Menschheit, die Geschichte, dass das Geld, der Tauschträger von Eigenthum und
Arbeit, bei den meisten Völkern, bei denen überhaupt eine
culturhistorische Entwickelung sich merklich wahrnehmen
lässt, als das Endresultat [2]) einer stufenmässigen Entfaltung,
wie wir sie kurz vorher geschildert haben, sich uns darstellt.

---

[1]) S. Mommsen, a. a. O. S. VI fg.

[2]) Es lässt sich freilich noch ein reinerer Werthmesser der von
Eigenwerth möglichst frei ist, nämlich das Zeichengeld, das Papier-
geld unserer Tage, oder die Ledermünze bei den alten Karthagern,
denken. Solche Münze würde den Werth der Dinge mit eben solcher

Das gebildetste Volk des Alterthums, die Griechen, dessen
Entwickelungsstufen uns die Geschichte in noch ziemlich deut-
lichen Umrissen erkennen lässt, zeigt uns zu den Zeiten Ho-
mer's im Handel und Verkehr noch keine Spur vom Dasein
des Geldes; jener bestand noch wesentlich in Tauschhandel;
Heerden bildeten den Reichthum, daher der Werth der Waaren
hauptsächlich nach Rindern abgeschätzt und Strafbussen mit
ihnen bezahlt wurden; erst bei zunehmendem Verkehr und
weiterer Handelsverbindung wog man Metallstäbe ab, um
kleinere Werthe beim Austausch von Waaren auszugleichen;
bis endlich im achten Jahrhundert durch Vermittelung der
Phönizier geprägtes Geld als Werthmesser Eingang findet [1] —
Auch bei den italischen Völkerschaften war das älteste Tauschmittel neben Kupfer, Rinder und Schaafe [2] und bei den östlichen Völkern Asiens, bei denen die heiligen Schriften Zoro-
asters, die Zendavesta Geltung hatte, ist im höheren Alterthum noch keine Spur von Geld anzutreffen, auch hier ver-
tritt das Vieh seine Stelle [3], jenes hat erst sehr spät Eingang
gefunden, nachdem bereits andere Völker längst sich desselben
bedient haben. Dass rohe Naturvölker noch heutigen Tages
den Werth des Geldes nicht kennen, wird unsere geschicht-
lich begründete Wahrnehmung von dem stufenmässigen
Fortgang der Werthmessung nicht umstossen; solche in der

Genauigkeit messen, wie die Uhr die Zeit und der Zollstock den
Raum; wenn sich auch nicht leugnen lässt, dass selbst dieses reine
Geldzeichen immer noch einen absoluten Werth hat. Vergl. Mommsen
a. a. O.

[1] Vergl. Dunker: Geschichte des Alterthums 2. Aufl. III, S. 233
und 318.

[2] „Dass die Bezeichnung des Viches bei den Latinern (pecunia)
wie bei den Deutschen (englisch: fee) in die des Geldes übergeht, ist
bekannt," s. Mommsen, römische Geschichte 2. Aufl. I, 181.

[3] Vergl. Spiegel: Avesta I, S. 94 fg. und an vielen andern
Stellen.   -

Cultur zurückgebliebene Völker haben eben den Bildungs-
prozess noch durchzumachen [1]).

Ein gleicher Entwickelungsgang, wie wir ihn bei den
Culturvölkern des Alterthums im Gebrauche des Geldes als
Werthmesser zu beobachten Gelegenheit haben, lässt sich nun
wohl auch bei den Hebräern vermuthen aber nicht durch
ihre Schriften belegen. Schon die ältesten Bücher der
heiligen Schrift setzen Geld, und zwar Silbergeld als Tauschmittel voraus, ja vom eigentlichen Tauschhandel [2]) sind alle
Spuren verschwunden und zwar in einer viel ältern Zeit, wo
noch dieser bei den Griechen und Zendvölkern das einzige
Verkehrsmittel bildete [3]). Selbst noch vor der Gründung des
Staates in Palästina sehen wir Hebräer und eingeborne ca-
naanitische Völker sich des Geldes im Verkehr unter einander
bedienen. Bei dem Kaufe der Höhle Machpela heisst es: [4])
„und Abraham wog dem Ephron das Silber zu, von dem er
vor den Ohren der Söhne Cheth gesprochen hatte, vierhundert
Sekel Silber (Silbersekel), welche beim Kaufmann gelten." Als
Jericho erobert worden, veruntreut Achan von der Beute zweihundert Sekel Silber und eine Zunge (Barre) Goldes, funfzig
Sekel an Gewicht [5]). Es scheint aus dem Zusammenhang
hervorzugehen, dass hier bereits von einzelnen Sekeln die Rede

---

[1]) Die venetianischen Glasperlen (la conteria di Venezia) gelten
noch heutzutage in Senar und Nubien als Münze. In Island war bis
1752 kein Thaler Geld im Umlauf. Statt dessen dienten seinen Be-
wohnern getrocknete Fische, der Hauptgegenstand ihrer Ausfuhr, indem dieselben für sie ein allgemeines Maass der Preise abgaben.
Aehnliche Beispiele s. bei Kiesselbach: der Gang des Welthandels,
Stuttgart 1860, S. 2 fg.

[2]) Dass Hiram seine Landesprodukte mit denen des Königs Salomo austauschte, wird man gewiss nicht hierher rechnen.

[3]) S. Movers: das phönizische Alterthum III. S. 28. fg.

[4]) 1 Mos. 23, 16, vergl. 2 Kön. 12, 5.

[5]) Josua 7, 21, dazu Movers a. a. O. S. 30, dem wir in diesen
und den folgenden Anführungen gern folgen.

war. Ebenso bei den Nachbarvölkern den Philistern [1]), den Midianitern [2]) und den Syrern [3]) wird in den ältesten Zeiten in gleicher Weise das Silber als Verkehrsmittel angetroffen. Auch bei der Gesetzgebung Moses, also bei der Entstehung des israelitischen Staates, wird Silbergeld als gang und gäbe vorausgesetzt. Sowohl der Grundbesitz an Häusern und Aeckern [4]), Menschen und Vieh [5]), Lebensmittel [6]), als auch die Strafgesetze werden nach Geldeswerth normirt, z. B. bei dem Ehrenräuber und dem Beschädiger [7]). Desgleichen bei heiligen Dingen des israelitischen Volkes, in denen, wie Movers richtig bemerkt, wenn jemals eine andere Art der Schätzung altherkömmlich gewesen, diese schwerlich aufgegeben worden wäre, z. B. bei Viehopfern [8]) bei der Lösung der Erstgeburt [9]), bei der Heiligthumssteuer [10]), für einen Spruch, den man vom Seher erhält [11]), ist stets vom Silber als Werthmesser die Rede.

Nach den hier angeführten Belegen ist es keinem Zweifel unterworfen, dass, da schon seit den frühesten Zeiten das Silber bei den Hebräern als Tauschmittel gebraucht worden, man gewiss auch auf Mittel gesonnen habe, dieses Metall zu messen, oder mit andern Worten den einzelnen Stücken ein bestimmtes Gewicht zu geben, um so ihnen erst den Werth des Geldes beizulegen, es normal für die verschiedenen im Handel vorkommenden Gegenstände zu machen, oder als Lohn

---

[1]) 1 Mos. 20, 16. Richt. 16, 5. 18. 17, 2.
[2]) 1 Mos. 37, 28.
[3]) 2 Kön. 5, 5. 23.
[4]) 3 Mos. 27, 14 fg.
[5]) Das. Vs. 3. 4 Mos. 3, 47 fg. 2 Mos. 21, 33 fg.
[6]) 5 Mos. 14, 26. 2, 6. 28. 3 Mos. 27, 16.
[7]) 2 Mos, cap. 21 u. 22.
[8]) 3 Mos. 5, 15.
[9]) 4 Mos. 3, 45 fg. 18, 15 fg.
[10]) 2 Mos. 30, 13. 38, 26.
[11]) 1 Sam. 9, 7 fg.

der Arbeit festzusetzen[1]). Ohne diese Annahme lassen sich
viele der oben angeführten biblischen Stellen (besonders 1 Mos.
23, 16 vergl. 2 Kön. 12, 5) kaum richtig verstehen, ja sie
setzen nicht nur Metallstücke eines bestimmten Gewichtes
voraus, sondern auch, dass diese als solche alsbald kenntlich
gewesen wären, sei es durch die blosse Form oder durch
irgend eine Bezeichnung auf dem Stücke. Wenn trotzdem
von einer Waage und dem Zuwägen des Geldes in vielen
Stellen der Bibel die Rede ist[2]), so ist dies nicht als allgemein normales Verhalten, sondern nur bei grösseren Summen zur Prüfung der Richtigkeit zur Anwendung gekommen,
wie man dann auch noch später[3]), als man sich gemünzten
Geldes schon bediente, noch wog, und der Gebrauch Münzen
zu wiegen noch heutigen Tages in Syrien, Aegypten und der
ganzen Türkei üblich ist[4]). Schwerlich würde man auch bei
einer grossen Summe von 603,550 halben Sekeln, welche nach
2 Mos. 38, 36 fg. durch den Beitrag eines jeden Israeliten
zusammenkam, einen jeden einzelnen halben Sekel nachge-

---

[1] Der Stamm שָׁעַר aestimare, schätzen, geht ursprünglich von
trennen, scheiden aus, wie im Aramäischen transponirt תְּרַע
schneiden, brechen, öffnen, daher auch תְּרַע Pforte im
Targum, s. Gesenius: Thesaurus p. 1458. Man muss sich die ersten
Handhaben beim Verkehr: das Brechen, Abschneiden des Metalls vergegenwärtigen, um dann zu der Bedeutung schätzen zu
gelangen.

[2] 1 Mos. 23, 16. 2 Mos. 22, 16. 2 Sam. 18, 12. 1 Kön. 20, 39.
Jer. 32, 9. 10. An andern Stellen jedoch ist nur von „Geben" die
Rede. wie 1 Mos. 20, 16. 2 Mos, 21 32 u. ö. Es ist auch immerhin
möglich dass das Wort שׁקל sich allmälig zu der Bedeutung be-
zahlen abgeschliffen habe. S. Bertheau in der Encyclopädie von
Ersch u. Gruber, 2. Sect. Bd. 28, S. 4.

[3] Vergl. Esra 8, 25 fg. S. Bertheau: Zur Geschichte der
Israeliten S. 14 fg. Allerdings ist auch hier von grösseren Summen
die Rede.

[4] S. Volney's Reise nach Syrien und Aegypten, (deutsche
Uebers.) II, S. 345.

wogen oder die Waage bei einem so lebhaften Verkehr, der
zu allen Zeiten in Palästina stattfand, bei kleinen Silberstücken,
welche man bei sich trug (vergl. 1 Sam. 8, 9), gebraucht
haben. Trug man mehrere Stücke verschiedenen Gewichtes
in einem Beutel oder Bündel, wie es Sitte war (vergl. 2 Kön.
5, 23. 12, 10. Spr. 26, 8, 1 Mos. 42, 35) ohne ihr Gewicht
durch irgend ein Zeichen kenntlich gemacht zu haben, welche
unsägliche Mühe hätte man dann beim Ein- und Verkauf gehabt durch Wiegen der Stücke eine Summe zu zahlen oder
einzunehmen. — Dies Alles zusammengenommen wird zu der
Annahme führen, dass die Israeliten schon vor dem Exil bereits Silberstücke bestimmten Gewichtes gekannt und im Handel gebraucht haben. Damit ist aber keineswegs ausgesprochen, dass um die genannte Zeit Münzen, d. h. Metallstücke mit einem bestimmten Gepräge und Gewicht, von einer
Behörde und unter deren Schutz stehend geschlagen und im
Umlauf waren [1]. Eine solche Behauptung lässt sich schwerlich durch die alten Schriften oder durch Analogieen bei andern Völkern des Alterthums belegen [2]; auch spricht dagegen,
dass es bisher nicht gelungen irgend jüdische Münzen aus
vorexilischer Zeit aufzufinden, was nach den vielen Aus-
grabungen der Neuzeit in Paläslina, Syrien, Phönizien und in
den Stätten des Exils wohl der Fall gewesen sein dürfte,
wenn sie überhaupt je vorhanden gewesen wären.

---

[1] Movers a. a. O. S. 57 geht zu weit in seiner Annahme, dass
Silbergeld auch ohne bestimmtes Gewicht, sowie ohne beglaubigenden
Stempel sich nicht denken lasse, „weil das Geldwesen in allen Staa-
ten unter der strengsten Controlle der Obrigkeit (daher auch *νόμισμα*)
stand und nirgends etwa Sache des Kaufherrn oder des Privaten war."
Das ist allerdings richtig, wenn einmal gemünztes Geld vom Staate
ausgegeben worden — stand doch auf Falschmünzerei in vielen Staa-
ten selbst die Todesstrafe —, aber in den ersten Anfängen war das
Zeichen gewiss nur Sache der Einzelnen.

[2] Die Untersuchung von Movers (a. a. O.) und Bertheau hat diesen Punkt gründlich erörtert. Vergl. auch Ottfr. Müller: Archäologie
der Kunst, 2. Aufl. R. 272.

§. 3. Gewichte und deren relativer Werth.

Aus den vorangehenden Untersuchungen haben wir mit
ziemlicher Gewissheit das Resultat gezogen, dass schon vor
dem Exil Metallstücke Silbers von bestimmtem Gewichte als
Geld circulirt haben. Dieser Gebrauch setzt natürlich die
Kenntnis bestimmter Gewichte voraus. In der That werden
auch in der heiligen Schrift verschiedene Gewichte [1] erwähnt,
welche in Palästina seit den ältesten Zeiten in Gebrauch gewesen waren.

1) Das grösste ist das Talent כִּכָּר, eigentlich Kuchen,
Kreis, Scheibe, von der Form, in welcher die Metallmasse dargestellt wurden [2], das dabei stehende Metall giebt dann das
Nähere an, z. B. כִּכַּר זָהָב ein Talent Gold (1 Kön. 9, 14.
10, 10. 14), כִּכַּר כֶּסֶף ein Talent Silber (2 Kön. 5, 22. 23,
33), כִּכַּר עֹפֶרֶת ein Talent Kupfer. (Zach. 5, 7).

2) Auf das Talent folgt dem Gewichte nach: Die Mine
מָנֶה, ein Wort, welches ohne Zweifel von Babylonien mit dem
Gewichte selbst zu den Phöniziern, Hebräern, Griechen und
Aegyptern übergegangen, daher in allen den Sprachen dieser
Völker gleichlautend ist. Nach der Mine wurden ebensowohl

---

[1]) Durch die gründlichen Untersuchungen verschiedener Gelehrten, besonders durch die bahnbrechenden Böckh's (Metrologische Untersuchungen über Gewichte, Münzfüsse und Masse des Alterthums
in ihrem Zusammenhange, Berlin 1838) hat sich mit Entschiedenheit
herausgestellt, dass Mass und Gewicht in Babylon seinen Ursprung
genommen und von da aus bei den Syrern, Hebräern, Griechen und
Persern Eingang gefunden hatte. Ein Kubus Regenwasser (ein bestimmtes Quantum desselben bildete die Grundlage der babylonischen
Gewichte und Maasse) von mehr als 92 Pfund unsers Gewichts
(822,000 Pariser Gran) war das babylonische Talent, welches in sechzig
Theile, Minen, zerlegt wurde. Vgl. Dunker a. a. O. I, S. 126 fg. Dort
steht irrthümlich Gramme statt Gran.

[2]) Vgl. Böckh a. a. O. S. 51 fg. Auch das Griechische φθοῖδες
χρυσίου „Kuchen Goldes“ bietet eine ähnliche Ausdrucksweise.

verschiedene Gegenstände gewogen, z. B. Geräthe (1 Kön. 10,
17), als auch grössere Summen berechnet (vgl. Esra 2, 69.
Nehem. 7, 71).

3) Der Sekel שֶׁקֶל, heisst eigentlich Gewicht, nach
welchem man die verschiedensten Gegenstände, besonders Me-
talle und was aus denselben verfertigt wurde, abwog; sodann
wurde es für ein Stück Silber bestimmten Werthes, als Rech-
nungsmünze überhaupt gebraucht. Auch Viertelsekel, drittel
und halbe werden erwähnt (vgl. 1 Sam. 9, 8. Neh. 10, 33 und
2 Mos. 30, 13).

4) Beka, בֶּקַע wird die Hälfte des heiligen Sekels genannt,
von בָּקַע spalten, theilen, wie: 1 Mos. 24, 22. 2 Mos. 38,
26. Das Wort kommt nur in den fünf Büchern Mose's, nicht
aber in den übrigen Büchern der heil. Schrift vor.

5) Gera, גֵּרָה d. i. die Bohne oder Korn bezeichnet den
kleinsten Gewichtstheil, und mag seinen Namen daher haben,
dass man dem kleinen Gewichte die Form von Schroten oder
Körnern gab, ähnlich bei den Griechen, welche ihre kleinsten
Münzen Obolen, Stäbchen oder Nadeln nannten. Vgl.
Böckh a. a. O. S. 58.[1]
Der bezügliche Werth dieser genannten Gewichte ergiebt
sich zum Theil aus der heiligen Schrift selbst. 2 Mos. 30, 13
ist jedem erwachsenen Manne in Israel die Pflicht auferlegt
einen halben heiligen Sekel als Hebe zu entrichten und nach
2 Mos. 38, 25. 26 betrug die Gesammtsumme dieser Gabe nach
der Kopfzahl von 603,550 Männern, hundert Talente und 1775
Sekel, daraus ergiebt sich, dass das Talent 3000 heilige Sekel
enthielt. Ebenso lässt sich das Verhältniss des Sekel zum
Gera und Beka aus der heil. Schrift auffinden. Nach 2 Mos.
30, 13. 3 Mos. 27, 25. 4 Mos. 3, 47. Ezech. 45, 12 ist der

---

[1] Noch könnte man hierher rechnen Kesita (קְשִׂיטָה), nur 1 Mos.
33, 19. (Jos. 24, 32) Hiob 42, 11 vorkommend. Es scheint ebenfalls
den Namen eines Geldstückes, wahrscheinlich ungeprägten, gewesen
zu sein. S. Rosch haschana 26, a. und Gesenius Thesaurus p. 1241.

heilige Sekel zu 20 Gera und der Beka als halber heiliger Sekel (vgl. 2 Mos. 38, 26) gerechnet.

Nur über den Werth der Maneh im Verhältniss zum Sekel und zum Talent fehlt eine sichere Bestimmung. In der Weissagung des Ezechiel (45, 12), wo der Herr ihm die Weisung an die Israeliten giebt, sie sollten richtiges Mass und Gewicht haben, heisst es: „Und der Sekel soll zwanzig Gerah haben; zwanzig Sekel, fünf und zwanzig Sekel und funfzehn Sekel soll euch die Mine sein." Es würde nach dem einfachen Wortlaut der Schrift die Mine einen dreifachen Werth von 20, 25 und 15 Sekeln haben, was anderweitig freilich nicht bekannt ist, und wenn dies auch der Fall wäre, so ist doch die Reihenfolge auffallend. Man erwartet eine Stufenfolge von 25, 20, 15 oder 15, 20, 25, statt dass der Text 20, 25, 15 uns bietet. Auch die Annahme der Prophet rede von einer Mine von 60 Sekeln, die in Stücke von 20, 25 und 15 Sekeln bestehe, ist eine nicht ungezwungene. Ebenso auch die Auffassung der chaldäischen Uebersetzung: „Und der Sela (סלע‎ ist nach späterm Gebrauch = שקל‎) soll 20 Maïn (גרה=מעה‎) haben; der dritte Theil einer Mine soll zwanzig Sela, eine Silbermine soll fünf und zwanzig Sela, der vierte Theil einer Mine soll funfzehn Sela, die sechzig zusammen sollen euch eine Mine und zwar eine grosse heilige Mine sein." Man hat daher in der Uebersetzung der Septuaginta, mit der auch die arabische übereinstimmt, die richtige Auffassung zu finden geglaubt; diese kommt darauf hinaus: Der Sekel soll zwanzig Gera enthalten, das Fünfsekelgewicht soll fünf Sekel, und das Zehnsekelgewicht soll zehn und fünfzig Sekel soll euch die Mine sein: d. h. nachdem der Sekel auf 20 Gerah bestimmt ist, soll auch das grössere Gewicht von 5 und 10 Sekeln und die ganze Mine von 50 Sekeln genau dies Maass enthalten und keine Verfälschung statt finden.[1] Es bleibt aber immer bedenklich den hebräischen

---

[1] S. das Ausführliche bei Böckh a. a. O. S. 53 fg. und Bertheau, zur Geschichte a. a. O. S. 9 fg.

Text zu verlassen, höchstens kann die griechische Uebersetzung[1]) für i h r e Z e i t das Zeugniss geben, dass man die Mine zu 50 Sekel berechnete. Hitzig[2]) schliesst sich daher dem hebräischen Texte wieder an und sieht in der Dreitheiligkeit von 20, 25 u. 15, worin nicht etwa die Zahl 60 zerlegt werden soll, eine Verschiedenheit des Metalls: Gold, Silber und Kupfer, da der Sekel aus einem Geldgewicht eine Münze wurde. „Wahrscheinlich ordnet der Prophet das Silber in die Mitte; die Silbermine betrüge demnach statt 50 vielmehr 25 Sekel. Hierfür spricht nicht nur beim gangbarsten Geldmetall das Verhältniss der Hälfte, sondern zur Gewissheit gebracht wird die Sache durch den Sekel Simon's (s. weiter unten), welcher 4 Drachmen betrug, so dass 25 Sekel eine attische Mine machten. Vermuthlich hebt Ezechiel mit der Goldmine an. Die des Kupfers, das auch Simon zu Geld ausprägte, ist auf 15 Sekel herabgesetzt; denn je geringer der wirkliche Werth, desto mehr strebt man das Gewicht zu erleichtern, weil man an Wenigem doch schon schwer schleppt . . . . . Der Plural שקלים seinerseits bei den Zehnern im hebr. Texte ist ganz unverfänglich 40, 17. 42, 2. 3 Mos. 27, 5.“ Auch diese Erklärung scheint uns nicht ohne Schwierigkeit. Nimmt man für Kupfer und Silber eine so verschiedene Währung an, so müsste sich dies auch bei den Kupfermünzen Simon's zeigen, was aber nicht der Fall ist.[3]) Auch das Verhältniss von der Gold- und Silberwährung, von 20: 25 ist ein abnormes und findet in keiner Währung des Alterthums irgend eine Analogie. Somit giebt die Stelle im Propheten Ezechiel keine genügende Auskunft über das Verhältniss der Mine zum Sekel, ebensowenig wie 2 Chron. 9, 16 vgl. mit 1 Kön. 10, 17,[4]) wie Hitzig a. a. O.

---

[1]) Auch nur nach dem Cod. Alexandrinus.

[2]) Der Prophet Ezechiel. Leipzig 1847, z. St. S. 354 fg.

[3]) Vgl. weiter unten u. Cavedoni: bibl. Numismatik, übers. von Werlhof I, S. 50 fg. Wir citiren dieses Werk für die Folge stets nach der deutschen Uebersetzung.

[4]) S. Böckh a. a. O.

richtig bemerkt hat. Wenn wir somit auch eine directe Quelle
zu finden verzichten müssen, so liesse sich doch vielleicht
anderweitig das Verhältniss der Mine zum Sekel ermitteln, wie
wir weiterhin [1]) zu versuchen uns bemühen wollen.

Zunächst aber suchen wir den absoluten Werth des Sekel's
auf. Die alte Berechnung nach Bohnen des Johannisbrodes,
indem man fälschlich annahm Gerah, sei eine solche Bohne,
von denen 20 etwa 96 pariser Gran betrügen, und da 4400
der letztern auf eine kölnische Mark zu 13⅓ Thaler gehen,
so habe der Sekel etwa 7 Groschen betragen, ist von allen
neuern Forschern mit Recht aufgegeben worden. [2]) Auch die
Berechnung nach Gerstenkörnern, [3]) wiewohl dem richtigen
Werthe sich mehr nähernd, bietet keinen sichern Anhaltspunkt.
Diesen gewährt uns der Sekel Simon's, des Makkabäerfürsten,
von denen wir noch viele besitzen, dessen Normalgewicht etwa
274 pariser oder 224 englische Gran, = 14 Ganze und 55 Hun-
dertel par. Gramme, noch kein ganzes Zollgewichtloth, und dessen
Werth nach unserm Gelde etwa 20 gute Groschen beträgt. Es
ist wohl keinem Zweifel unterworfen, dass die Makkabäerfürsten
das alte hergebrachte Gewichts- und Werthsystem für ihre
Münzen verwandt haben [4]) und somit dürfen wir auch nach
dem Gewichte des Sekel's von 274 par. Gran, auch den Kikar
(=3000 Sekel) auf 822,000 par. Gran veranschlagen, gerade
so hoch wie das äginäische Talent [5]) beträgt. Der Werth des
Gerah und Beka ergiebt sich aus dieser Berechnung mit
Leichtigkeit.

---

[1]) S. Anhang I, d.

[2]) Vgl. Böckh a. a. O. S. 58 u. Rödiger: Addenda zu Gesenius
Thesaurus p. 81 unter d. W. גרר, u. Winer: bilisches Realwörterbuch
II, S. 445.

[3]) S. Esthori Haparchi, a. a. O. S. 82.

[4]) Vgl. Bertheau Encyclopädie v. Ersch u. Gruber a. a. O. S. 2.
und weiter unten Anhang I, e.

[5]) Vgl. Böckh a. a. O. S. 76 fg.

§. 4. Die Juden bedienen sich der Landesmünze von der Rückkehr aus dem babylonischen Exil bis zur Erhebung unter den Hasmonäern.

Wir haben früher gefunden, dass die Juden, so lange der Staat bestand, sich wohl bei ihrem lebhaften Verkehr nach Innen und Aussen des Geldes bedient, aber Münzen im eigentlichen Sinne des Wortes nicht gekannt haben. Ob während des Exils dieselben Verhältnisse obgewaltet, oder ob die Exulanten die Landesmünze gebraucht haben, können wir aus Mangel an Quellen nicht mehr ermitteln. Aber nach dem Sturz des babylonischen und nach der Gründung des persischen Reiches erfahren wir zum ersten Male, dass die Juden von der uns auch anderweitig bekannten Reichsmünze Gebrauch machten. Es war im ersten Regierungsjahre des Königs Cyrus, so berichtet die heilige Schrift[1]), da erliess er ein Edikt in seinem ganzen Königreiche: „Also spricht Cyrus, König von Persien: Gott, der Herr des Himmels, hat mir alle Reiche der Erde gegeben und mir aufgetragen, ihm einen Tempel in Jerusalem, das in Juda ist, zu erbauen. Wer unter euch Willens ist, mag mit Gottes Hülfe nach Jerusalem hinaufgehen und den Tempel des Herrn, des Gottes Israel's, aufbauen. Und diejenigen, welche in den Orten, wo sie einen Aufenthalt genommen, zurückbleiben (aus Mangel an Mitteln), mögen unterstützt werden von ihren Ortsgenossen mit Silber, mit Gold, mit Vieh und andern Gütern, ausser den freiwilligen Gaben für den Tempel des Gottes, welcher in Jerusalem ist." An funfzigtausend leisteten diesem Aufrufe Folge, gottbegeisterte Männer, die die alte Heimath, wo „in Zion sich der Herr eine Wohnung erkoren," der neuen vorgezogen, an ihrer Spitze ein Sprössling aus David's Stamm,

---

[1]) Esra 1, 2—4. Unter dem ersten Jahr ist hier zu verstehen: das nach der Eroberung von Babylon, also im Jahre 538 vor Chr.

Serubabel und der Hohepriester Josua. Die in Jerusalem Ange-
kommenen fanden freilich nicht Alles so glänzend, wie die Begeisterung ihrer Einbildungskraft es vorgespiegelt hatte; fremde
Völker, besonders Idumäer hatten das Land der Väter sich
zugeeignet und räumten nur ungern Jerusalem und die nächste
Umgebung. Doch bot dieses Raum genug, um einen Altar auf
der Stätte, wo einst der Tempel gestanden, zu errichten und den
Grund zu diesem selbst zu legen. Unter den mannigfachen
Hindernissen der umwohnenden Völker, durch aufopfernde Hingebung der Führer der neuen Gemeinde, unter ermunterndem
Zuspruch der Propheten Haggai und Sacharia, und liebevoller
Beisteuer der Heimgekehrten (und wahrscheinlich auch durch die
ihrer Brüder in Babylon) wurde dieser endlich im Jahre 516
unter der Regierung des Darius Hystaspes' vollendet. Von diesen
letztern, den beigesteuerten Gaben, berichtet uns die heilige
Schrift: „Und manche von den Häuptern der Stämme, als sie
in das Gotteshaus in Jerusalem kamen, spendeten freigebig für
das Gotteshaus, um es an seiner früheren Stelle zu errichten.
Nach ihren Kräften gaben sie in den Schatz für das Werk an
Gold 61,000 Darkemonim (Dariken) und an Silber 5000
Manim (Minen) und hundert Priesterröcke"[1] Auch etwa acht
Jahrzehnte später (458 vor Chr.), als die erste Colonie in
Verfall gerathen, und der gelehrte Schriftkenner (Sopher) Esra
und der hochherzige Nehemia, Mundschenk des Königs Ar-
taxerxes Longimanus (445 v. Chr.) neue Kräfte derselben zuführten, Missbräuche ab- und strengere Befolgung der mosai-
schen Gesetze und Ordnung gegen innere und Vertheidigungs-
mittel gegen äussere Feinde herstellten, da fehlte es ebenfalls
nicht an Liebesgaben, wie uns im Buch Esra berichtet wird:
„Und ich (Esra) wog ihnen (den Priestern) zu das Silber und das
Gold und die Geräthe, die Spende unseres Gotteshauses, welche
der König und seine Räthe und seine Obersten und alle aus
Israel, welche sich vorfanden, gegeben hatten. Und ich wog

---

[1] Esra 2, 68. 69.

ihnen in ihre Hand an Silber sechshundert und fünfzig Kikar und an silbernen Geräthen hundert Kikar, an Gold hundert Kikar. Und zwanzig goldene Becher zu tausend Adarkonim" (Dariken) u. s. w. [1]) Aehnlich berichtet eine andere Quelle: [2]) „Und ein Theil der Stammhäupter gaben zum Werke: der Thirsatha [3]) gab zum Schatz an Gold tausend Darkemonim (Dariken), funfzig Becken, fünfhundert und dreissig Priesterröcke. Und andere Stammhäupter gaben in den Schatz des Werkes an Gold zwei Myriaden Darkemonim, an Silber zweitausend zweihundert Minen. Und was das übrige Volk gab, betrug an Gold: zwei Myriaden Darkemonim, und an Silber zweitausend Minen und sieben und sechzig Priesterröcke."

Mag man nun auch über die Abstammung der Wörter Adarkon und Darkemon, deren Gleichheit von allen Erklärern der Bibel einstimmig anerkannt wird, getheilter Ansicht sein, [4])

---

[1]) Esra 8, 25—27.

[2]) Nehemia 7, 70—72. Vgl. über die Quellen: Zunz, die gottesdienstlichen Vorträge der Juden S. 24 fg.

[3]) Ein persischer Titel, welchen Nehemia führte.

[4]) Die Etymologie des Wortes Adarkon und Darkemon ist auf die verschiedenste Weise versucht worden. Die alten Uebersetzer geben keine nähere Auskunft, die Septuaginta umschreibt es durch Χρυσοῖς, die Vulg. durch Solidus, die Mischna kennt ebenfalls die Münze und nennt sie דרכן (s. lex. Aruch s. v.). Viele Erklärer stellen Darkemon mit δραχμή zusammen, allein dann bleibt Adarkon unerklärt und zudem wird Drachme am besten auch aus dem Griechischen abgeleitet (vgl. Böckh a. a. O. S. 129 und Mommsen a. a. O. S. 11. Anm. 41.). Auch die gewöhnliche Annahme, Adarkon soll seinen Namen von Darius (Δαρεῖος, davon Δαρεικοί, Δαρείκης vgl. Strabo XVI p. 785), und zwar von dem Sohne des Hystaspis haben, ist bedenklich, da schon vor Darius Hystaspis der Goldstater von 8, 38 Gr. den Griechen zu Solons Zeiten bekannt war (s. Mommsen a. a. O. S. 855 und Dunker a. a. O. II, S. 642. Anm. 3). Einen ältern Darius anzunehmen, wie schon in älterer Zeit versucht worden (s. Suidas s. v.), ist nicht unbedenklich, da die Hebräer, wenn sie auch von einem solchen gewusst haben (z. B. dem biblischen „Darius der Meder"), doch genau den Darius unter der Form דָּרְיָוֶשׁ kannten, mit welchem דרכמון und אדרכון sich schwerlich

2*

so ist man doch darüber einig, dass mit diesen Benennungen
die persische Münze, Darike gemeint sei. Es war diese ein
Goldstück, welches als Reichsmünze in Persien auch den
Griechen bekannt war und schon vor den Zeiten Darius Hys-

---

zusammenstellen lässt. Man hat sich daher veranlasst gesehen, das
Wort aus dem Zend: Zara Gold und Münze überhaupt abzuleiten,
was jedoch von andern bestritten wird (s. die verschiedenen Ansichten
bei Gesenius, Thesaurus p. 353 und Blau: Zeitschrift der deutschen
morgl. Gesellsch. VI, S. 481 fg.). Bei so schwankender Grundlage mag
es auch uns gestattet sein, einen neuen Versuch zur Erklärung zu
wagen. Wir gehen von אדרכן und dem mischnaitischen דרכן, als der
gangbarsten Form des Wortes, aus. Wir suchen aber das Wort Darkon
oder Adarkon nicht aus dem Persischen abzuleiten, wofür gar kein
Grund vorhanden, weil, wenn auch diese Münze Reichsmünze der
Perser war, doch das ganze persische Münzsystem auf dem babylonischen aufgebaut ist, wofür das Gewicht am deutlichsten spricht. Wenn
nun aber das Silberstück in seiner alten semitischen Benennung Sekel
(Siglos) sich Eingang verschafft, warum nicht auch דרכן oder אדרכן?
Als Stamm stellt sich offenbar דרך heraus, dies bedeutet aber schrei-
ten, treten, vortreten, daher auch aus der vortretenden Stellung
des einen Fusses, welche man beim Spannen des Bogens macht:
spannen דָּרַךְ קֶשֶׁת den Bogen spannen; s. die treffende Be-
merkung von Köster, zur Erläuterung der hebräischen Wortverbindung
דָּרַךְ קֶשֶׁת für: den Bogen spannen" in Ewald's Jahrbücher der bibl.
Wissenschaft, Göttingen 1861, S. 13 fg. Nach Köster ist die Construk-
tion דרך קשת eine parataktische „wobei ein significanter Nebenbegriff
statt des eigentlichen Zeitworts gesetzt worden: den Bogen treten,·
statt mit dem Vortreten des Fusses den Bogen spannen"; ähnlich ist
מָשַׁךְ זֶרַע den Samen ziehn für: ihn mit einer ziehenden Bewegung
der Hand, mit einem regelmässigen Zuge ausstreuen, Amos 9,
13. — Wir glauben nun, dass aus דרך „den Bogen spannen" sich ein
Hauptwort דרכן oder mit vorgesetztem Aleph אדרכן „Bogenschütze"
gebildet hat; davon hat dann die Münze, wegen des in ältester Zeit
darauf geprägten Schützen (s. die folgende Figur) den Namen erhalten,
wie denn in der That die Alten die alten persischen Goldmünzen Τοξόται,
Sagittarii genannt haben. Dass aus dem einfachen דרכן sich sodann
eine erweiterte Form דרכמן gebildet haben kann, ist sehr leicht möglich, da das Mem auch sonst sich wohl einschiebt (s. Fürst: Lehr-
gebäude §. 62.).

taspes' cursirte. [1]) Es findet sich noch heutigen Tages in zahlreichen Exemplaren in verschiedenen Münzcabineten und hat auf
der einen Seite gar kein Gepräge, wie viele der ältesten Münzen,
(denn erst allmälig schritt man von einseitiger Prägung zu zwei-
seitiger fort) auf der andern einen gekrönten, knieenden Bogenschützen, wie diese Figur zeigt:

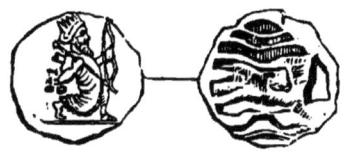

Nr. 1.

Diese ist das Abbild[2]) eines Ganzstückes[3]), wovon bisher
nur drei Exemplare bekannt geworden, während die gewöhnlichen Dariken- Halbstücke, wie erwähnt, zahlreicher sind.

Neben dieser Goldmünze cursirte aber auch im persischen
Reiche eine Silbermünze, von den Griechen der medische Siglos[4])
benannt, (ohne Zweifel das bekannte שׁקל Sekel) dessen eben-
falls in den biblischen Schriften, in denen von den persischen
Zeiten die Rede ist, Erwähnung geschieht. So Neh. 5, 15:
„Die früheren Paschas, welche vor mir waren, legten dem

---

[1]) S. die vorangehende Anmerkung

[2]) Vgl. revue numismatique 1856: Essai sur les Statères de Cyzique
par Charles Lenormant p. 7 fg. Das Original unseres Abbildes befindet
sich im pariser kaiserl. Münzcabinet. Die Zeichen unter dem Bogenschützen sind allerdings die auf aramäischen Münzen vorkommenden
Zahlzeichen 22, ob aber die beiden kleinen Kreise den Werth von zwei
Dariken und das darüber stehende, wie ein lateinisches M gestaltete
ein Schin (abgekürzt für שׁנה Jahr) sei, ist mir noch zweifelhaft.

[3]) Vgl. Mommsen a. a. O. S. 9. das Ganzstück steht zwischen
16, 70 Gramme und 16, 50 Gr., das gewöhnliche Halbstück, und nur
dies ist unzweifelhaft als das verbreitetste (daher auch vom Chroni-
sten 1 Chr. 29, 7, um seinen Zeitgenossen verständlich zu sein, auch
von den Zeiten David's gebraucht) in den biblischen Schriften gemeint,
zwischen 8, 385 Gr. u. 8, 26 Gr., an Werth etwa 7 Thl. 1 Groschen.

[4]) S. Xenophon, Anabasis 1, 5, 6 und Mommsen, a. a. O. S.
12 fg.

Volke schwere Lasten auf, und nahmen von ihnen Brod und
Wein, ausser vierzig Sekel Silber u. s. w.". Von diesen Silber-
sekeln, welche auch in den Satrapieen des persischen Reiches
vielfache Verbreitung gefunden[1]), gingen 20 auf einen Golddariken[2]) und hatten in ältester Zeit wie diese die einseitige Prägung des Bogenschützen. Am häufigsten cursirten das Ganzstück, und als Theilstücke: Drittel und Sechstel, selten Hälften
und Viertel.[3]

Es ergiebt sich demnach aus den biblischen Berichten,
dass die Juden, so lange sie unter persischer Oberhoheit lebten,
sich der persischen Reichsmünze bedienten, aber nicht eigene
Münzen geprägt haben. Denn die Münzprägung blieb stets ein
Privilegium der persischen Krone, die es höchstens einzelnen
Satrapen und Städten übertragen konnte[4]). Wir finden aber
nirgends, dass den Juden, so sehr auch einzelne persische

---

[1]) In dem Werke des Herzogs de Luynes: essai sur la numismatique des Satrapies findet man eine reiche Sammlung derartigen
Silbergeldes. Vgl. auch Waddington: mélanges de numismatique et
de philologie Paris 1861, p. 50 fg.

[2]) S. Mommsen a. a. O. S. 13, u. 855 nach Queipo (essai sur
les systèmes métriques et monétaires des anciens peuples 3 Vol. Paris
1859) I. p. 100, der nachweist, dass nach dem Verhältniss von 1: 13
das persische Silbergeld zum Golde ausgemünzt worden, vgl. Herodot
3, 95, so dass genau 20 Silbersekel auf einen Golddariken gingen.

[3]) Es erklärt sich nach dem Obigen nunmehr auch die auffallende
Erscheinung in den Worten bei Nehemia (9, 33): „und wir legten
uns ein Gesetz auf, dass wir im Jahre zum Dienst unseres Gotteshauses
einen Drittel Sekel geben wollten," die im Gegensatz zum biblischen
Gesetze, das einen halben Sekel zu geben befiehlt, (s. 2 Mos. 30, 13)
stehen. Es war eben das Drittel das gangbare Silberstück, und daher
dieses, statt der selteneren Hälften gewählt.

[4]) Dass dies nicht selten geschehen sei, zeigen die vielen Münzen
der Satrapieen, deren wir früher erwähnten. Es ist daher eine oft vor-
getragene irrthümliche Behauptung, hervorgegangen aus einer miss-
verstandenen Stelle Herodot IV, 166, dass nur der persische König
Geld geschlagen habe. Vgl. Waddington, a. a. O. p. 3 fg. und 100. s.
auch Mommsen a. a. O. S. 12.

Könige sie begünstigten, dies Recht übertragen worden sei.
In dieser Reichsmünze wurden gewiss auch die Abgaben, zu
denen die Juden höchst wahrscheinlich so gut wie die andern
Unterthanen des Staates verpflichtet waren [1]), bezahlt.
In diesen Verhältnissen ist denn auch in der nächstfolgenden Zeit keine Aenderung eingetreten. Die grosse persische Monarchie wurde eine Beute des macedonischen Siegers,
Alexander des Grossen, und Palästina kam unter die Herrschaft der Griechen (332 v. Ch.). Solange Alexander lebte,
war die Oberaufsicht über dieses Land einem Statthalter anvertraut, während die höchste geistliche Behörde, der Hohepriester, geblieben zu sein scheint. Dass diesem auch das
Münzrecht zustand, und hätte er auch in noch so hoher Gunst
bei dem macedonischen Fürsten gestanden, wie dies von dem
damaligen Hohenpriester Jaddua einige Quellen erzählen [2]), wird
gewiss in Abrede gestellt werden müssen,[3]) vielmehr finden wir,
dass zu den Zeiten Alexanders in vielen Städten Palästinas nur
griechische Münzen geprägt worden sind[4]). Zu der Zeit war
nämlich die Münzprägung eine sehr reiche und ausgebreitete.
Man münzte in Gold, Silber und Kupfer. Die gewöhnliche
Goldmünze (*Ἀλεξάνδρειος* genannt) hatte denselben Werth, wie
die persische Darike; als Silbermünzen cursirten meistens
Vierdrachmenstücke (Tettradrachmen) und Drachmen, die nach
attischem Fuss geprägt sind. Von den Vierdrachmenstücken
aus dieser Zeit, geprägt in den palästinensischen Städten, sind

---

[1]) S. die bekannte Stelle Herodot III, 89, deren Schwierigkeiten
Queipo (a. a. O. bei Mommsen) sehr gut löst. S. auch Herzfeld: Geschichte des Volkes Jisrael I, S. 191. Nur im Sabbathjahr scheinen die
Juden Steuerfreiheit genossen zu haben, wie aus Joseph. Antiqu. XI,
8, 5 geschlossen werden kann.

[2]) S. Josephus a. a. O., 6. Joma 69a, und Megillath Thanith §. 9.

[3]) S. weiter unten Anhang I,a, wo wir auf diesen Punkt zurück-
kommen.

[4]) L. Müller: Numismatique d'Alexandre le Grand, Copenhague
1855, S. 2 fg. und 273 fg. besonders S. 305 fg.

noch vorhanden aus Scythopolis zwei Stücke im gothaischen und pariser Cabinet. Diese Stadt früher Beth-sean (בית־שאן) genannt, lag am westlichen Jordansufer inSamarien, etwa vier Stunden von Tiberias und muss im vierten Jahrhundert eine bedeutende Handelsstadt gewesen sein, da mehrere grosse Heerstrassen sich hier vereinigen, die eine nördliche von Damaskus, die andre östliche von Bostra im nabathäischen Arabien, und die dritte westliche von Jerusalem, während eine vierte sie in Verbindung mit Aco, Sycaminum (Hepha) und Caesarea (am mitteländischen Meere) od. Stratons-Thurm, also mit den Küstenstädten brachte, was jedenfalls auch auf einen lebhaften Seeverkehr schliessen lässt. Dass die Zahl der Juden in Scythopolis noch zur Zeit der jüdischen Erhebung (64 n. Ch.) sehr bedeutend gewesen war, zeigt die Erzählung des Josephus[1]), dass 13000 derselben von den Einwohnern ermordet worden sind[2]). Von Stratons-Thurm (Stratonos Pyrgos) oder Cäsarea (maritima) selbst besitzt das Münzcabinet von Wien eine Alexandermünze desselben Werthes, eine gleiche das Gothaer von Sozusa, in der Nähe von Joppe und von dieser selbst sind häufigere Exemplare vorhanden; möglicherweise konnte diese Münzstätte auch Jerusalem leicht mit Geld versorgen, da Joppe gewissermaassen als der Hafen der Hauptstadt betrachtet werden durfte und gewiss bald nach dem Exil zu ihrem Besitzthum gezählt worden war. Eine verhältnissmässig grosse Anzahl Alexandermünzen scheint auch zu Ascalon und an andern Orten Palästinas geschlagen worden zu sein. Einzelne der erwähnten Münzen, auf welchen die Städtebezeichnung (durch Monogramme) oft zwei von einander entfernt liegende Orte gleichzeitig nennt, sind auch desshalb von Interesse,

---

1) jüd. Krieg: 2, 18, 3.

2) Der Name Σκυϑόπολις, dessen zwei erste Buchstaben auf den betreffenden Münzen als auf diese Stadt sich beziehend von dem kundigen Müller angenommen wird, muss demnach gegen die gewöhnliche Annahme von sehr früher Zeit sich datiren.

weil sie uns bei den spärlich fliessenden geschichtlichen Quellen,
von einer lebhaften commerciellen Verbindung Nachricht geben;
denn höchst wahrscheinlich wollen solche Andeutungen eine enge
Handelsverbindung bezeichnen, indem man auf eine und dieselbe Münze die Anfangsbuchstaben zweier Städte setzte.
Dies ist z. B. der Fall bei Sycaminum (Hepha) und Scythopolis (Bethsean), Ascalon und Philadelphia (Rabbath-Ammon)[1]).

Aehnliche Erscheinungen, wie die Münzgeschichte Palästina's unter Alexander dem Grossen uns zeigt, finden wir
auch unter seinen nächsten Nachfolgern. Jener hatte seine
ruhmvolle Laufbahn schon im Jahr 323 beschlossen, und da er
keinen grossjährigen Erben hinterlassen, wurden seine weit-
ausgedehnten Besitzungen längere Zeit ein Gegenstand des
Kampfes für seine Feldherrn. Syrien nebst Phönizien und Palästina hatte während dieser Kriege viel zu leiden und wech-
selte sehr oft seinen Oberherrn. Nach kurzem Besitze Lao-
medon's, fiel Palästina Ptolemäus, dem Sohne Lagi's, der den
Beinamen Soter führte und Aegypten beherrschte, zu (320 v.
Ch.), dem es für kurze Zeit Antigonus entriss, bis es im Jahre
301 nach der Schlacht bei Ipsus vorübergehend an Seleucus
Nicator kam und sodann beinahe hundert Jahre unter den Herrschern von Aegypten, den Lagiden, verblieb[2]).

Unter dem ersten Seleuciden, welcher wie seine Nachfolger
das Münzsystem Alexander's beibehielt, finden wir wiederum

---

[1]) S. Müller a. a. O. Planches et tables no. 1464—65 u. 1472—84.
Pl. XX.

[2]) Ueber die verwickelten Kriege und Theilungen vgl. Droysen:
Geschichte der Nachfolger Alexander des Grossen. Es ergiebt sich aus
den dort geführten Untersuchungen, dass Seleucus nach dem Tode
des Antigonus in Besitz von Syrien kam (301), in den Phoeniciens u.
Palästina's erst, nachdem die Macht von Demetrius gebrochen war (305);
der südliche Theil des erstern und die Küste Palästina's wurden aber
einige Jahre später von Ptolemäus erobert. S. das. S. 545. 559 u.
572 und dessen Hellenismus II. Theil, S. 51—52 vgl. Müller a. a. O.
S. 318. Dagegen auch Herzfeld, a. a. O. II, S. 206. Anm. 49.

in Palästina dieselben oder noch andere Münzstätten. So scheinen besonders in Lydda (Diospolis) von Seleucus Nicator viele
Münzen geschlagen worden zu sein, und¹ diese Stadt sich auf
Kosten Joppe's, das durch Ptolemäus Soter zerstört worden
war¹), gehoben und viele Handelsverbindungen mit andern Städten angeknüpft zu haben²), da ausser den Anfangsbuchstaben
Di (Diospolis), sich auch noch einzelne andern Städten angehörige
auf den Münzen von Lydda finden. Diese Verhältnisse haben
sich unter den Lagiden, welche sodann, wie oben erwähnt,
längere Zeit Palästina beherrscht haben, nicht geändert. Dies
Land bedient sich der Reichsmünze der ägyptischen Könige,
die im Ganzen die Münze Alexander des Grossen in etwas
verändertem Münzfuss³) beibehielten. Wir treffen unter den
palästinischen Städten, welche als Münzstätten bekannt geworden, besonders Handelsstädte an, welche den Zug nach und
von Aegypten vermitteln, wie Gaza, Joppe, Lydda, sonst noch
andere bereits früher erwähnte, wie Straton's Thurm, Apollo-
nia (zwischen Joppe und Caesarea) Sozusa und andere. So
findet also während der ganzen Herrschaft der Seleuciden und
Lagiden in Palästina der Gebrauch der Landesmünze Statt⁴),
und erst nach gewaltigen politischen Stürmen, nach denen es
den Juden gelingt, selbstständig zu werden, tritt eine vollständige Veränderung ein; sie prägen Münzen mit eigner Schrift
und eigenthümlichen Typen als Zeichen ihrer erlangten Selbst-
ständigkeit. Wie diese errungen worden, welche mühselige
Kämpfe um sie geführt worden, erzählt der folgende Abschnitt.

---

¹) S. Diodor. XIX, 93.
²) S. F. Lenormant: revue numism. 1854, p. 166 fg. und Müller
a. a. O. S. 316 fg.
³) S. Mommsen a. a. O. S. 40.
⁴) Vgl. über die Seleucidenmünzen Eckhel a. a. O. III, S. 209
fg. und Mionnet: descriptions des medailles V, p. 1 fg. VIII, supplé-
ment p. 1 fg.

§. 5. Simon der Hasmonäer prägt zuerst jüdische Münzen.

Palästina befand sich unter der Herrschaft der ersten Ptolemäer in einem leidlich glücklichen Zustande; die Juden bereits seit lange gewöhnt an fremde Oberhoheit, ohne Ehrgeiz nach ausgedehntem Länderbesitz, waren zufrieden, dass in dem Tempel und in der Person ihres geistlichen Oberhauptes, des Hohenpriesters, ihren religiösen Bedürfnissen ein Genüge geschähe und erwarteten in Geduld vom messianischen Reiche die fehlende irdische Herrlichkeit. Die fremden Machthaber legten auch kein Hinderniss in den Weg, dass ausser den regelmässigen, jährlichen Abgaben von jedem Erwachsenen im Betrage eines halben Sekels, noch zahlreiche freiwillige Geschenke von allen Orten, wo Juden wohnten, dem Tempel zuflossen, und wenn Hohepriester, wie in den letzten Zeiten der ägyptischen Herrscher das höchste geistliche Amt in würdiger Weise verwalteten, so konnte es der grösseren Masse des Volkes ziemlich gleichgültig sein, ob Lagiden oder Seuleuciden ihre Steuern in Empfang nahmen; die Grossen des Reiches, Zollpächter und Männer des hohen Rathes waren höchstens bei dem Wechsel der regierenden Königshäuser betheiligt. Und so sehen wir denn ohne grosse Theilnahme der Juden die Herrschaft von Palästina von den Aegyptern zu den Syrern übergehen, da ohnehin das Land durch die unaufhörlichen Kriege zwischen den beiden Völkern viel zu leiden hatte. Als Ptolemäus Philopator im Jahre 205 starb und einen unmündigen Sohn Ptolemäus V, mit dem Zunamen Epiphanes hinterliess, benutzte Antiochus III, der Grosse, die Verhältnisse, um zunächst die auswärtigen Besitzungen Aegyptens wie die cilicischen, syrischen und palästinensischen an sich zu reissen. Das gelang nur zu gut durch den Sieg über den ägyptischen Feldherrn Scopas (198) bei Paneas, in Folge dessen Jerusalem und die Burg mit Hülfe der Einwohner der Hauptstadt, welche die ägyptische Besatzung vertrieben, er-

obert und in dem darauf geschlossenen Frieden die eroberten
Gebiete dem syrischen Könige, dessen Tochter dem jungen
Ptolemäus verlobt wurde, verblieben [1]). Um die erwiesenen
Dienste nicht ohne Lohn zu lassen und die neuerworbenen
Besitzungen durch die Zuneigung der Bewohner, von denen
manche noch dem frühern Herrscherhaus zugethan waren,
sich zu sichern, gewährt Antiochus den Juden zeitweiligen
Steuererlass und manche andere Vorrechte [2]), die auch nach
dem Tode des Königs (187) von seinem Nachfolger Seleukus
aufrecht erhalten wurden. In einem ganz andern Geiste regierte aber dessen Bruder Antiochus IV, Epiphanes (der Er-
lauchte) [3]); seine ebenso willkürliche, wie grausame Herrschaft
führte die hochherzige Erhebung der Juden herbei und lässt
sie Heldenthaten verrichten, die zu den denkwürdigsten der Geschichte gehören, eine Glaubenstreue bewahren, die von den
nachhaltigsten Folgen auf die ganze Zukunft dieses Volkes
gewesen ist. Antiochus, der in Rom längere Zeit als Geissel
gelebt und die weltbeherrschende Macht einheitlichen Willens,
der seinen Ausdruck in bindenden, strengen Gesetzen fand,
kennen gelernt hatte, ein Mann, der neben vielen Schatten-
seiten, doch auch hervorragende Eigenschaften: Thatkraft,
Freigebigkeit und kriegerischen Muth besass, war von dem
Wahn bethört, seinen aus so verschiedenartigen Elementen
zusammengesetzten Staat nicht nur durch allgemein geltende
Gesetze, sondern auch durch gemeinsame religiöse Sitten zu
einem Ganzen zu einigen. Diesem Wahne schmeichelte unter
den Juden eine Partei, welche um den Schein ungebundener
Freiheit, die strengen, aber versittlichenden Gesetze, denen die

---

[1]) Herzfeld a. a. O. II, S. 208. Anm. 53 u. Mommsen römische
Geschichte, 2 Aufl. I, 703. Anm.

[2]) Vgl. Herzfeld a. a. O. §. 52 S. 198.

[3]) Auf Münzen nennt er sich sogar ϑεός (Gott), s. Eckhel a. a.
O. p. 224 fg. vgl. Joseph. Antiq. 12, 5, 5. Zu seiner Charakteristik
vgl. Schlosser: Universalhist. Uebers. II, 2. S. 356.

Juden unter den wogenden Völkermassen, welche das kleine
Ländchen Palästina im Laufe der letzten Jahrhunderte über-
flutheten, ihre Erhaltung verdankten, leichtsinnig in den Wind
schlug, eine Partei, welche mit den feinern griechischen Sitten auch Unsitten, mit manchen schätzenswerthen Kenntnissen
der hochgebildeten Hellenen, auch die tieferen Erkenntnisse
des Glaubens in den Kauf gab, und ausserdem die Habsucht
und die Geldnoth des syrischen Königs wohl berechnend, diesen zu den verkehrtesten Regierungsmaasregeln verleitete. An
der Spitze solcher verweltlichten Griechenfreunde stand sogar
der Bruder des frommen Hohenpriesters Onias III, Josua, oder
wie er sich mit griechischem Namen nannte, Jason. Dieser
bot dem Könige 440 (syrische ¹)) Talente jährlicher Abgaben,
wenn man ihn mit dem Hohenpriesteramte bekleidete, 150 für
die Ermächtigung zur Errichtung eines Gymnasiums und die
Einzeichnung der jerusalemischen Bürger als antiochenische²).
Ein solches Anerbieten kam dem geldbedürftigen Antiochus
nicht ungelegen, nicht minder die bald darauf eingeführten
Neuerungen den griechenthümelnden Juden, so dass man den
Tempeldienst der Ringschule wegen beinahe vergass und die zu
antiochenischen Bürgern neugewählten Jerusalemiten sich sogar zu den Kampfspielen, die dem Herkules zu Ehren in Tyrus gefeiert wurden, deputiren liessen, um zu den Opferfesten
Geldgeschenke zu bringen, die freilich die Gesandten, an Ort
und Stelle angekommen, indem doch ihr Gewissen sich regte,
zu einem Kriegsschiff verwandten. Auf diese und noch andere
Weise fing man bereits an mit dem Heidenthum zu liebäugeln.
Dem Urheber solcher Neuerungen, dem König Antiochus ward

---

¹) Ein solches im Betrage von 343 Thl. 18 gr. ist höchst wahrscheinlich gemeint. Vgl. Grimm: kurzgefasstes exeget. Handb. zu den
Apokryphen, 2 B. d. Maccab. zu 4, 8 fg.
²) D. h. ihnen das antiochenische Bürgerrecht zu verleihen; Jason hoffte mit dieser Verleihung ein gutes Geschäft zu machen, wenn
er jenes theuer verkaufte. So erklärt Grimm (a. a. O.) richtig die
betreffende schwierige Stelle des 2 B. d. Macc.

daher auch ein festlicher Empfang, als er (173) Jerusalem
besuchte. Aber es sollte noch schlimmer kommen. Der listige
Jason hatte einen noch listigeren Verwandten gefunden, · der
ihn auf ähnliche Weise aus dem Amte verdrängte, wie er es
mit seinem Bruder Onias gethan hatte. Der Bruder des reichen
Tempelaufsehers Simon [1]), Menelaus, aus der Priesterordnung
Minjamin [2]), in Geschäften zum Könige von dem Hohenpriester
gesandt, wusste diesen durch Schmeicheleien, und indem er
Jason noch durch 300 Talente überbot, so für sich einzunehmen, dass ihm das Amt des Hohenpriesters übertragen,
und Jason zu fliehen genöthigt wurde. In gleichheidnischem
Geiste wie dieser führt Menelaus die Herrschaft, nur dass er
noch grausamer und rücksichtsloser gegen Heiligthum und die
Juden verfuhr und sogar den gottesfürchtigen Onias, der ihm
wegen seines Wandels Vorwürfe machte, durch den von ihm
gewonnenen Reichsverweser Andronikus in Antiochien hin-
richten liess. Als aber im Jahre 170 Antiochus in Aegypten
in einem Kriege verwickelt, und das Gerücht ausgesprengt worden war, dass er daselbst geblieben sei, fiel Jason in Jerusalem ein und richtete viele Grausamkeiten an, musste sich
aber, während Menelaus sich in der Burg behauptete, und Antiochus heranrückte, wiederum auf die Flucht begeben und
soll später elendiglich in Lacedämonien umgekommen sein [3]).
Der boshafte Menelaus wusste nun den König Antiochus zu
überreden, dass der Ueberfall Jason's im Einverständniss mit
den Juden geschehen und dass Judäa seiner Herrschaft über-
drüssig sei, und so rückte der syrische König in Jerusalem
wie in eine feindliche Stadt ein, richtete ein furchtbares Blut-
bad während dreier Tage daselbst an und raubte den ganzen

[1]) 2 B. der Maccab. 3, 4.
[2]) S. Herzfeld a. a. O. S. 218 u. Geiger: Urschrift und Uebersetzungen der Bibel, S. 221 Anm.; beide Gelehrte lesen mit Recht
Minjamin statt Binjamin.
[3]) 2 B. der Macc. 5, 9.

Tempelschatz von 1800 Talenten. Das war nur das Vorspiel
zu noch grösseren Gewaltthätigkeiten. Zwei Jahre später
sandte Antiochus, dem das Glück in Aegypten auch nicht hold
war, den Apollonius nach Jerusalem; unter Friedens- und
Freundschaftsversicherungen rückte er ein, überfiel aber dann
am Sabbath die Stadt, plünderte sie und mordete die streit-
bare Mannschaft, während er Kinder und Frauen als Sklaven
verkaufte. Der Zionsberg [1]) aber wurde stark befestigt, um
als Stütze den Syrern und den Griechen-Freunden zu dienen.
Aus diesen bestand nach den trüben Vorgängen auch der
Hauptbestandtheil der Einwohnerschaft Jerusalems; wer treu
der alten Lehre war, flüchtete in die Gebirge und fand schon
andere Gesinnungsgenossen aus andern Theilen des Reiches
vor. Die Zahl derselben nahm zu, als Antiochus die letzte
Hand an sein ruchloses Werk legte. Von Antiochien aus erliess er Befehle, dass in allen Provinzen der griechische Cul-
tus eingeführt werde und alle Bräuche der jüdischen Religion
aufhören sollten; die heiligen Bücher wurden verbrannt, religiöse Zusammenkünfte untersagt und im Tempel zu Jerusalem
sollte nunmehr dem olympischen Zeus geopfert werden. Wer
diesen Befehlen zuwiderhandelte, wurde mit Todesstrafe be-
droht. So schien Alles dazu angethan, dem jüdischen Glauben
den Untergang zu bringen, der Abfall drohte, wo Lohn und
Lüsternheit die Kuppler waren, um sich zu greifen und die
Schaar der Treuen zu unterliegen. Doch „ein Höherer wacht
über dem Hohen" und der Herr konnte auch durch eine kleine
Anzahl Hülfe bringen.

Unter den glaubenstreuen Juden, welche aus Jerusalem
geflüchtet waren, befand sich auch Mattathias, der Hasmonäer[2]),

---

[1]) S. Grimm a. a. O. zu I Macc. 1, 33, der nach unserer Ansicht
mit Recht behauptet, dass die Burg auf diesem Berge gebaut sei, vgl.
auch die gründliche Untersuchung von Hupfeld: die topographische
Streitfrage über Jerusalem u. s. w. in der Zeitschrift der deutsch, morgl.
Gesellsch. XV, S. 135 fg.

[2]) So benannt von dem Grossvater Hasmon (חשמן).

aus dem Priestergeschlechte Jojarib, mit seinen fünf gleichge-
sinnten Söhnen: Johanan, Simon, Juda, Eleasar und Jonathan;
als nun nach Modin (eigentlich Modaim [1]), wo der Greis seinen
Aufenthalt genommen, die Schergen des Königs kamen, um
auch hier den Götzendienst einzuführen, und schon ein Jude zu
dem Altar hintrat, um zu opfern, da machte ihn Mattathia nieder. Von gleichem Muth, wie der Vater waren auch die
Söhne und diejenigen Juden, die im Stillen dem Herrn ange-
hangen, beseelt; die im Gotteshause anwesenden Syrer wurden
getödtet, der Altar eingerissen und zu muthiger Erhebung aufgefordert. In dem naheliegenden Gebirge kräftigten sich die
Gesinnungsgenossen und schlugen die Syrer. Nach dem Tode
Mattathia's (166) übernahm sein ebenso tapferer, wie kluger
Sohn Juda, der Hämmerer (Makkabi מקבי) die Führung; schlug
das zahlreiche Heer der Syrer unter Apollonius und ein anderes
unter Seron bei Bethhoron. Antiochus, entweder getäuscht
über den Umfang der Empörung oder noch mehr besorgt über
die seiner östlichen Provinzen, wandte sich dahin und überliess die Vernichtung der Juden und die Leitung seines min-
derjährigen Sohnes seinem Vertrauten Lysias. Das zahlreiche
Heer dieses Feldherrn wurde jedoch in zwei Schlachten gänzlich geschlagen, das letzte Mal bei Beth-zur, 2 Stunden nörd-
lich von Hebron, und Juda krönte sein Werk im Jahre 164
durch die Eroberung Jerusalem's, durch die Weihe (חֲנֻכָּה)
des Tempels und Wiederherstellung des so lange Zeit ver-
nachlässigten Gottesdienstes. Dass dieser vor den Ausfällen
der Besatzung der Burg, welche noch nicht erobert werden
konnte, gesichert sei, wurde eine hohe Schutzmauer errichtet.
Rastlos sorgte der muthige Krieger im Verein mit seinen Brüdern Jonathan und Simon für die Sicherheit des wiedererober-
ten Gebietes, führte glückliche Kämpfe gegen die Idumäer,
Philistäer, Ammoniten und andere feindlich gesinnte transjor-
danische Stämme und verpflanzte treugebliebene Juden aus

[1) מורעים, ein Bewohner dieser Stadt hiess מורעי.

Galiläa nach den schützenden Bergen Judäa's. Diese Unternehmungen dauerten bis zum Schebuothfeste[1]) des Jahres 163
(etwa im Juni). Während nun die Feldherrn des Antiochus
sich vergebens bemühten die Juden zum Gehorsam zurückzu-
bringen, war ihm selbst das Glück ebensowenig günstig. Seine
leeren Kassen zu füllen, hatte er eine reiche persische Stadt
und deren Tempel zu plündern gesucht, nachdem ihm dies
misslungen und noch dazu von dem Missgeschick seiner Feldherrn ihm die Kunde geworden war, eilt er zurück; doch
schon an der Gränze seines Reiches überraschte ihn der Tod
(164), nachdem er, dem Glücke Lysias' misstrauend, seinen
Vertrauten Philipp zum Reichsverweser und Vormund seines
unmündigen Sohnes Antiochus Eupator eingesetzt hatte. Lysias und Philipp stritten nun um die Regentschaft, und gar
ein Dritter, Demetrius, der Sohn des Seleucus, ein Neffe des
verstorbenen Königs, der bisher in Rom gelebt hatte, machte
Anspruch auf den syrischen Thron. Darum eilte Lysias den
Krieg mit den Juden zu beendigen, er drang unter heldenmüthigen Kämpfen der Juden bis nach Jerusalem vor, be-
lagerte es und hätte es unfehlbar eingenommen, wenn nicht
die Nachricht, dass Philipp Antiochien bedrohe, eingetroffen
wäre, und ihn bewogen hätte einen Vertrag, der den Juden
Duldung ihres Glaubens verhiess, mit Juda zu schliessen.
Dann beseitigte er seinen Gegner Philipp, wurde aber darauf
selbst und sein Schützling Eupator von dem aus Rom ange-
kommenen Demetrius, den das syrische Volk freudig begrüsste,
getödtet. An diesen neuen König wandten sich auch die
Griechenfreunde, an ihrer Spitze der statt des in Ungnade ge-
fallenen und hingerichteten Menelaus designirte Alkimos[2])
(hebr. Eljakim oder Jakim), um nachdrücklichen Schutz gegen
die nationale Partei und ihren Führer Juda sich zu erbitten.

---

[1]) 2 Maccab. 12, 31.
[2]) Wir glauben, dass auf solche Weise die Widersprüche in den
Quellen sich ausgleichen lassen.

Ein Heer unter Nikanor sollte diesen gewähren, wurde aber von dem tapfern Makkabi nebst ihrem Führer aufgerieben. Einem zweiten unter Bakchides unterlag der kühne Held nach tapferer Gegenwehr an der Südwest-Gränze Judäas im Jahre 161. Seine Leiche, die die Brüder Jonathan und Simon gerettet hatten, wurde unter lautem Klagen des Volkes im Erbbegräbniss zu Modin beigesetzt. Als Führer der nationalen Partei ward Jonathan gewählt, der gemeinschaftlich mit Simon ihre Sache vertrat, während in Jerusalem Alkimos wieder als Hoherpriester eingesetzt wurde und in griechenfreundlicher Weise das Regiment führte. Die Patrioten, geschmäht und zurückgesetzt, sahen vertrauensvoll auf Jonathan und Simon, ihre Führer; diese hielten sich vertheidigungsweise in den morastigen Gegenden der Jordanebene und wussten sich auch der Angriffe der Syrer mit vielem Geschick zu erwehren. Uebrigens waren die Syrer nicht mehr so fanatisirt, um ihren heidnischen Götzendienst den Juden aufzudringen und vollends erlahmte der Eifer, nachdem Alkimos gestorben, und möglicherweise die Römer, mit denen Juda bereits ein Bündniss geschlossen, sich in's Mittel gelegt hatten. So erstarkte die patriotische Partei immer mehr, und als gar ein neuer Thronbewerber auftrat, Alexander Bala, welcher sich trügerischer Weise für den Sohn des Antiochos Epiphanes ausgab, die Hülfe Jonathan's nachsuchte, erhielt und dadurch seinen Gegner Demetrius besiegte, wurde Jonathan zum Hohenpriester ernannt und behauptete sich auf diesem Posten, obgleich Alexander von dem Sohne des Demetrius, der auch Demetrius (Nikator) hiess, vom Throne gestossen, durch Verrath umkam. Der neue König musste selbst die Hülfe Jonathan's in Anspruch nehmen, als ein Aufstand in seiner Hauptstadt Antiochien ausgebrochen war. Als er sich jedoch fest genug auf seinem Throne glaubte, wollte er alle in der Noth gegebenen Versprechen: Räumung der Burg und Aufhebung der Steuer gegen ein Entgelt von dreihundert Talenten, zurücknehmen. Da fand Jonathan eine unerwartete Hülfe. Diodotus (oder Tryphon), ein Feldherr des ehemaligen Königs

Alexander Bala machte den Versuch, dem Sohne desselben Antiochus VI. die syrische Krone zu verschaffen, und fand an Jonathan, dem er alle die von seinem Gegner Demetrius früher eingeräumten Vortheile erneuerte, thatkräftigen Beistand, so dass Antiochus (144) den syrischen Thron bestieg, und jener sich nach Seleucia zurückziehen musste, von wo aus er einen Kriegszug unternimmt, um sein Reich wieder zu erobern. Jonathan und sein Bruder Simon fahren indessen fort, als Feldherrn des Antiochus, von Süden nach Norden Palästina durchstreifend, die Partei des Demetrius zu unterwerfen, nebenbei auch die abtrünnigen Juden zu bekämpfen und ihnen die einzige von ihnen noch innegehabte Festung Bethzur zu entreissen. Mit Jubel wurden sodann nach diesen glücklichen Unternehmungen die Brüder in Jerusalem aufgenommen, Festungen in Judäa erbaut, die Mauern Jerusalem's erhöht, die Burg, welche zu nehmen noch immer nicht geglückt war, durch eine Mauer von der Stadt abgesperrt und endlich das Bündniss mit den Römern erneut. Diese rege Thätigkeit musste bei Tryphon, der sich selbst die Krone aufzusetzen gedachte, den Verdacht erregen, Jonathan wolle sich ganz selbstständig machen und werde ohne Zweifel auch seine Pläne auf Beseitigung des jungen Königs durchkreuzen; er lud ihn daher listiger Weise nach Ptolemais, als wolle er diese Stadt seiner Obhut anvertrauen, nahm ihn gefangen, nachdem seine Begleiter, 1000 Mann, unbarmherzig niedergemacht worden waren, und tödtete ihn bald darauf (142). Ein Familiengrab zu Modin, das Simon aus geglätteten Steinen, ruhend auf Säulen, geschmückt mit Waffen und Schiffen hatte herrichten lassen, nahm später die Gebeine des gemordeten Helden auf (S. de Saulcy: l'art judaïque, p. 376 fg.) Doch Tryphon's Versuche in Judäa einzufallen vereitelt der ebenso umsichtige, wie tapfere Simon, dem die Führerschaft unmittelbar nach dem Tode Jonathans in einer Volksversammlung übertragen worden war; er befestigt mehre Städte Palästinas und legt nach Joppe, das die Einwohner dem Demetrius übergeben wollen, eine jüdische Besatzung und macht sie zu einem jüdischen

Hafen, erobert Bethzur, Gazara ¹) und endlich auch die Burg
(Akra), deren Besatzung Tryphon Entsatz zu bringen vergebens versucht hatte. So war denn das letzte Bollwerk des
Heidenthums gefallen und am 23. Ijar (Mai) des Jahres 171
der seleucidischen Aera (141 v. Chr.) „zog man ein mit Lobge-
sang und Palmenzweigen und dankte dem Herrn, dass ein
grosser Feind vertilgt sei aus Israel ²).“

Vorher hatte Simon bereits wiederum Verhandlungen
mit Demetrius angeknüpft; er schickte ihm einen goldenen
Kranz und Palmenzweig ³) und erinnert ihn an die früher er-
theilten Verheissungen, welche er nunmehr bestätigen sollte.
Demetrius ergreift mit Freuden ein solches Anerbieten und
sendet ihm folgendes Schreiben ⁴):

„König Demetrius entbietet Simon, dem Hohenpriester und
Freunde der Könige, den Aeltesten ⁵) und dem Volke seinen Gruss!
Den goldenen Kranz und den Palmenzweig, welchen Ihr geschickt
habt, haben wir erhalten und sind bereit, mit Euch einen gänz-
lichen Frieden zu halten und den Beamten zu schreiben, Euch
die Abgaben zu erlassen. Alles, was wir in Bezug auf Euch
festgestellt haben, steht fest, und die Festungen, welche Ihr
erbaut habt, sollen Euch verbleiben. Eure Irrungen und Ver-
gehen bis zum heutigen Tage verzeihen wir, und den (goldenen)

---

¹) Die Lesart Gaza 1 Macc. 13, 43 ist gewiss zu verwerfen. s.
Stark: Gaza und die philistäische Küste. S. 494 fg.

²) 1 Macc. 13, 51 fg. Vgl. Megillath thaanith p. 18,b ed. Man-
tua. Wenn Josephus (Antiq. 13, 6, 7) berichtet, dass Simon nach drei
Jahren die Festung abtragen und sie dem Boden gleich machen liess,
so ist dies völlig aus der Luft gegriffen. S. Grimm zur angef. St. u.
Hupfeld a. a. O. S. 205.

³) S. 1 Macc. 13, 37, die richtige Lesart ist wohl βαΐν (s. Grimm
zur St.) ähnlich 2 Macc. 14,4, wo neben dem goldenen Kranz ein Palmzweig φοίνι: genannt wird. Der Syrer, welcher שלהיותא übersetzt, kann,
wenn man Hoheslied 4, 13 u. Jes. 16, 8 berücksichtigt, dasselbe gemeint haben.

⁴) S. 1 Macc. 13, 36 fg.

⁵) πρεσβύτεροι ist wohl der hohe Rath, vgl. 1 Macc. 1, 26. 12, 6 u.
weiter unten.

Kranz,[1]) welchen Ihr zu entrichten hattet, und jede sonstige
besondere Abgabe in Jerusalem soll nicht mehr gefordert werden.
Und wenn unter Euch Taugliche für unsere Leibgarde sind,
so sollen sie dazu eingetragen werden, und Friede soll unter
uns sein." „Und das Joch der Heiden, so heisst es daselbst
weiter, wurde von Israel genommen im hundert und siebzigsten
Jahre (der seleucid. Aera), und das Volk Israel begann in
Schriften und Urkunden zu schreiben: im ersten Jahre des
grossen Hohenpriesters, Feldherrn und Fürsten der Juden"[2]).
Auch versäumte Simon nicht, sich des Schutzes der Römer zu versichern, und schickte an den römischen Senat eine
Gesandtschaft mit einem grossen goldenen Schilde, die später
auch ein Schreiben zurückbrachte, in welchem dem Volke der
Juden die Freundschaft Roms versichert wurde. Während
nun Demetrius eifrig den Krieg gegen Tryphon fortsetzte, benutzte Simon die ihm vergönnte Ruhe in seinem kleinen Reiche
den Wohlstand und die Sicherheit zu fördern; „in Frieden
baute man den Acker, das Land gab sein Gewächs und die
Bäume im Gefilde ihre Früchte; die Alten sassen auf den
Strassen und sprachen mit einander vom Glück des Landes,
die junge Mannschaft legte den kriegerischen Schmuck der
Kriegskleider zu ihrer Ehre an, und er verschaffte Friede
dem Lande und Israel blühete unter ihm auf. Ein Jeder sass
furchtlos unter seinem Weinstock und Feigenbaum. Den Unter-
drückten im Volke half er, wachte über das Gesetz und strebte
alle Verächter und alle schädlichen Leute wegzuschaffen. Er
schmückte das Heiligthum und vermehrte die heiligen Geräthe"[3]).
Dieser glückliche Zustand fand dann auch seinen Ausdruck in
einer grossen Volksversammlung, in welcher man feierlich dem
Simon und seinen Nachfolgern die Würde des Hohenpriesters

---

[1]) S. d. Ausleger zu 1 Macc. 10, 29.
[2]) Das. vs. 41 u. 42: Ἔτους ἑβδομηκοσιοῦ καὶ ἑκατοστοῦ ἤρϑη ὁ
ζυγὸς τῶν ἐϑνῶν ἀπὸ τοῦ Ἰσραήλ. Καὶ ἤρξατο ὁ λαὸς Ἰσραὴλ γράφειν ἐν
ταῖς συγγραφαῖς καὶ συναλλάγμασιν Ἔτους πρώτου ἐπὶ Σίμωνος ἀρχιερέως
μεγάλου καὶ στρατηγοῦ καὶ ἡγουμένου Ἰουδαίων.
[3]) 1 Macc. 14, 8—15.

und Fürsten der Juden mit ziemlich ausgedehnter Machtvollkommenheit übertrug. Dieses im dritten Jahre seiner Herrschaft ausgestellte Document wurde auf einer ehernen Tafel
im Vorhof des Tempels aufgestellt [1]).

Wenn nun so das dankbare Volk im Besitz des langer-
sehnten Friedens und mit ihm des vollen Genusses seiner
gottesdienstlichen Einrichtungen sich selbst ein Ehrendenkmal
setzte, indem es den Mann und die Familie auszeichnet, deren
hingehender Opferwilligkeit es diese Güter verdankte, so war
es doch noch nicht ganz sicher der Zustimmung der Syrer.
Im Drange der Umstände hatte Demetrius, wie wir oben gesehen haben, manche Zugeständnisse gemacht; jedoch Antiochus VII, Sidetes, der ihm folgte, als jener von den Parthern gefangen genommen wurde, und eifrig den Krieg gegen
Tryphon, welcher seinen Schützling, den jungen König Antiochus, ermordet und sich die Krone angemasst hatte, fortsetzte, bestätigte nicht nur diese Rechte, sondern um der Juden Freundschaft sich ganz zu versichern, erweitert er sie noch
bedeutend, indem er sogar ihnen das Münzrecht einräumt,
und darüber ein besonderes Dokument ausstellt, das seiner
hohen Bedeutung wegen für unsern Zweck hier ebenfalls einen
Platz finden mag. „Der König Antiochus Sidetes entbietet
dem Hohenpriester und Volksfürsten Simon seinen Gruss. Da
schändliche Menschen sich des Reiches unserer Väter be-
mächtigt haben, ich aber gesonnen bin, es wieder zu erobern
und in seinen früheren Zustand zu versetzen, auch eine Menge
Kriegsschaaren geworben und Kriegsfahrzeuge ausgerüstet
habe und im Begriff bin zu landen, um die Verderber unseres
Landes und Verwüster vieler Städte zu strafen: so bestätige
ich Dir den Erlass des Tributs und aller anderen Gaben,
welche meine Vorgänger Dir bewilligt haben. Ich will Dir gestattet haben eine eigene Münze für Dein Land zu
prägen, Jerusalem aber und das Heiligthum sollen

---

[1]) Das. 14, 27—49.

frei sein[1]), und alle Waffen, welche Du angeschafft sowie
die Festungen, welche Du erbaut und im Besitze hast, Dir
verbleiben. Auch alle königlichen Auflagen, welche man dem
Könige schuldet, oder.Zukünftige erlasse ich Dir von nun an und
für alle Zukunft. Sobald wir aber unser Reich geordnet haben,
werden wir Dir, Deinem Volke und dem Heiligthum grosse
Ehre erweisen, so dass Euer Ruhm auf der ganzen Erde bekannt werden soll" [2]).

Dieses Dokument ist, wie aus 1 Macc. 15, 10 hervorgeht, zur Zeit, als Antiochus den Krieg gegen Tryphon eifrig
beginnt, im Jahre 174 der seleucidischen Aera, d. i. 138 v. Ch.
abgefasst, und wenn auch schon früher von dem syrischen
Könige Rechte eingeräumt waren und man in Verträgen von jener
Zeit an nach den Jahren der Freiheit rechnete, so schliesst
dies nicht in sich, dass Simon auch von dem Münzrecht Gebrauch machte, ehe der Syrer ihm ein solches vollständig
übertrug. Die Münzen, welche wir in diese Zeit verlegen
müssen [3]), tragen auch ganz und gar in ihren Aufschriften das
Gepräge der eben mitgetheilten Urkunde und finden ihre Analogie an den Münzen anderer Städte, besonders der Küstenstädte Palästina's, welche sich, während der Zerrüttung des
syrischen Reiches selbstständig gemacht und eigene Münzen mit
der Aera des Beginnes der erlangten Freiheit geschlagen
haben [4]).

Sehen wir uns nun die Münzen, welche in den vier Jahren
der Herrschaft Simons, von der Zeit des erhaltenen Münz-
rechts, von 138—135 v. Ch. geschlagen worden sind, etwas
genauer an.

---

[1]) 1 Macc. 15, 6: Καὶ ἐπέτρεψά σοι ποιῆσαι κόμμα ἴδιον νόμισμα
τῇ χώρᾳ σου, Ἱερουσαλὴμ δὲ καὶ τὰ ἅγια εἶναι ἐλεύθερα.

[2]) 1 Macc. 15, 2—9.

[3]) Das Genauere über die Ordnung der Münzen siehe weiter unten
Anhang I, a; die dort (Anhang 1, c) beigefügte Schrifttafel kann leicht
auch den der althebräischen Charaktere unkundigen Leser orientiren.

[4]) S. Stark a, a. O. S. 472 fg.

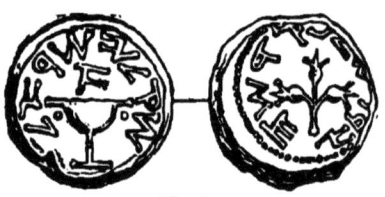

Nr. 2.

giebt das Abbild eines ganzen silbernen Sekels und trägt diesen Werth auf der Vorderseite in althebräischer Schrift [1]):
שקל ישראל „Sekel Israels", rings um einen Kelch und über
demselben der Buchstabe א, d. i. das Zahlzeichen 1, das
erste Jahr nach der erlangten vollen Selbständigkeit. Auf
der Kehrseite: eine dreitheilige Lilie oder Hyazinthe, rings-
herum die Inschrift: ירושלם קדשה „das heilige Jerusalem".

So wie an der Aechtheit eines solchen Sekels kein Zweifel mehr obwaltet, ebenso an der richtigen Lesung der Legende. Schon Asarja de Rossi hatte sie, wie wir oben gesehen haben, richtig herausgebracht, bis auf das Zeichen, das
über dem Gefässe ist[2]); dass aber dies nur das Jahr der
Prägung nach erlangtem Münzrecht bedeuten kann, geht aus
den Aufschriften anderer Münzen hervor, wo entweder שנת
(Jahr), oder abgekürzt ש neben dem das Zahlzeichen vertreten-
den Buchstaben zu lesen ist[3]). Die defective Schreibart in
dem Worte ירושלם auf den Münzen vom Jahre 1, ist für diese
spätere Zeit nicht weiter auffallend[4]), auf andern Münzen jedoch ist die erweiterte Schreibart vorherrschend, so dass beide
in damaliger Zeit Geltung hatten[5]). Dass Jerusalem „heilig"

[1]) Ueber diese sprechen wir ausführlicher weiter unten Anhang
1, c.

[2]) Er las z. B. auf seinem Sekel vom 4. Jahre, das שקל דוד=שד
„Sekel David's, statt ר שנת „Jahr 4."

[3]) Aehnlich findet sich auf phönizischen Münzen von Marathus
und den benachbarten Städten die Aera mit vorangehendem שת (=שנת)
auch abgekürzt 'ש bezeichnet.

[4]) Gesenius Thesaurus p. 628.

[5]) Cavedoni (a. a. O. I. S. 23, Anm. 13) sieht mit der vollen
Schreibart der nächstfolgenden Jahre den Dual ausgedrückt, da Zion

genannt wird, könnte man nach dem Sprachgebrauch der spätern biblischen Zeit[1]) deuten; uns scheint indessen dieser an's Poetische anstreifende Gebrauch für Münzen nicht sehr geeignet und die Aufschrift vielmehr ganz in dem Sinne gebraucht zu sein, wie wir sie auf Münzen anderer Städte, besonders der Küstenstädte des Mittelmeeres, denen das Münzrecht vom syrischen Könige gewährt worden, oder die es sich selbst genommen, wieder finden. Die syrischen Fürsten sahen sich nämlich in den politischen Stürmen und Drangsalen genöthigt verschiedenen Städten Immunitäten und Steuerfreiheit zu gewähren, eine solche Stadt hiess dann „heilig ($\iota\epsilon\varrho\grave{\alpha}$)" und „unverletzlich ($\ddot{\alpha}\sigma\upsilon\lambda o\varsigma$)", da ihre Heiligthümer bevorrechtet, sie selbst gesichert gegen alle militärischen und richterlichen Eingriffe und frei von allen Abgaben war[2]). Mit dem Zeitpunkt solcher Autonomieertheilung oder Erringung beginnt meist eine eigene städtische Aera, neben der natürlich die der Seleuciden, als die allgemein verbreitete noch hergeht[3]). Auf den jüdischen Münzen finden wir nur die Aera der erlangten Freiheit, aber darin treffen sie mit den der autonomen Städte Syriens zusammen, dass sie nicht in dem von Alexander dem Grossen eingeführten Münzfusse, dem attischen, welchen auch die Seleuciden beibehielten, geprägt sind, sondern nach einem altheimischen, der sich auf den babylonischen zurückführen lässt[4]). Es war dieser Münzfuss unter dem Namen

---

bereits erobert worden wäre. Das scheint indess zu weit hergeholt und wird daher auch von de Saulcy (p. 19) verworfen. Die Gegenbemerkung Cavedoni's (II, 13) reicht nicht aus.

[1]) Jesaia 48, 2. 52, 1. Neh. 11, 1. Dan. 9, 24 u. ö. findet sich Jerusalem עיר הקרש „heilige Stadt."

[2]) S. Stark a. a. O. S, 473. Mionnet descr. des méd. V, p. 65. 80. 272; es werden dort auf Münzen die obengenannten Bezeichnungen angeführt, z.B. Tyrus „heilig und unverletzlich," ebenso Seleucia, Laodicea. Auch Josephus (Antiq. XIII, 2. 3) lässt Demetrius I Jerusalem erklären als $\iota\epsilon\varrho\grave{\alpha}\nu$ $\varkappa\alpha\grave{\iota}$ $\ddot{\alpha}\sigma\upsilon\lambda o\nu$ $\varkappa\alpha\grave{\iota}$ $\grave{\epsilon}\lambda\epsilon\upsilon\vartheta\acute{\epsilon}\varrho\alpha\nu$.

[3]) S. Stark a. a. O.

[4]) Vgl. Böckh a. a. O. S. 65 fg. u. unten Anhang I, e.

„tyrisches Gewicht" auch den Thalmudisten bekannt [1]). Dass dieser neue Münzfuss um so leichter Eingang und geringen Anstoss fand, kommt daher, weil man durch die langjährige Herrschaft der Ptolemäer, deren Münzfuss nahezu dem tyrischen gleich war [2]), mit demselben schon vertraut war.

Neben dem g a n z e n Sekel vom Jahre 1 besitzen wir auch noch silberne h a l b e Sekel:

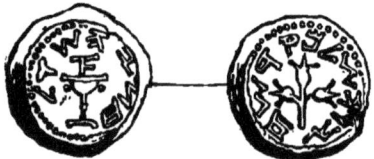

Nr. 3.

Die linke Seite hat wie das Ganzstück die Inschrift: ירושלם קדשה und sonst dieselben Typen; die rechte: חצי השקל „ein halber Sekel". Das Gewicht ergiebt auch genau die Hälfte des Ganz-stückes (7 Gramme und 1 Zehntel).

---

[1]) מנה צורי u. כסף צורי s. Bechoroth 50, b u. ö. s. weiter unten Anhang I, d.

[2]) S. Mommsen, Münzwesen S. 40. Vgl. auch das. S. 35: „das tyrische Silbergeld besteht in Tetradrachmen, wie Josephus sie aus-drücklich nennt, zwischen 14, 34 Gr. u. 14, 46 Gr., nebst deren sel-teneren Hälften und Vierteln. Gleichartig und wahrscheinlich unter dem „tyrischen Silber" der Kaiserzeit in der Regel mitverstanden ist die sidonische Silbermünze und die der makkabäischen Fürsten mit der Aufschrift Sekel Israel. Das Gewicht derselben ist zwischen 14, 65 und 13, 7 Gramme (de Saulcy a. a. O. p. 17 fg.), zw. 14, 23 Gr. (=268 pariser Gran) und 13, 54 Gr. (=255 Gran.) (Mionnet poids des méd. p. 192)". Aehnlich hat auch Böckh a. a. O. S. 56 das Ge-wicht des Sekels auf durchschnittlich 274 par. Gran (=14, 55 Gr.) festgestellt. Wenn nun 16⅔ Gramme = 1 Loth Zollgewicht sind, (1 Pfund = 500 Gramme) so wiegt der ganze Sekel demnach kein ganzes Loth. Wenn aber Josephus (Antiq. 3, 8, 2) angiebt, dass der Sekel vier attische Drachmen enthält (ὁ δὲ σίκλος νόμισμα Ἐβραίων ὤν, Ἀττικὰς δέχεται δραχμὰς τέσσαρις), und bekanntlich 4 attische Drachmen viel schwerer als ein Sekel sind — das Normalgewicht der attischen Tetradrachmen schwankt von 16, 5 — 17 Gr., s. Müller a. a. O. p. 8 —, so steht er mit unserer Angabe keinesweges in Widerspruch, da Josephus von den attischen Drachmen s e i n e r Z e i t redet, und eine

Die Sekel von den Jahren 2 und 3, sowohl Ganz- als Halbstücke[1]) sind in den Typen ganz gleich denen vom J. 1, nur dass über dem Gefässe שב od. שג (d. i. שנת ב oder שנת ג) sich findet, je nachdem das zweite oder dritte Jahr bezeichnet ist. Auch ist vom Jahre 2 an die Aufschrift: ירושלים הקדושה, also mit 2 Zeichen mehr als vom Jahre 1 geschrieben.

Aus dem Jahre 4 war bis in die neueste Zeit kein silbernes Ganzstück bekannt. Herr Reichhardt (a. a. O.) theilt zuerst ein solches mit, das nach der Beschreibung — ein Abbild ist auch hier leider nicht beigefügt — ganz die Typen der andern Stücke aus den vorangehenden Jahren hat; auch die Inschrift ist gleich der der andern aus den vorangehenden Jahren 2 und 3.

Ausser diesen Silbermünzen, welche wir der Herrschaft Simon's angehörig glauben, giebt es auch noch Kupfermünzen, aber nur aus dem Jahre 4, welche Simon zugeschrieben werden. Ein einziges Stück, welches Reichhardt (a. a. O.) veröffentlicht, hat, der Beschreibung nach, dieselben Typen und dieselbe Aufschrift wie die Silbermünzen; die übrigen, bereits seit lange bekannten, wechseln jene und nach dem Werthe natürlich auch diese. Das durch Reichhardt (a. a. O.) bekannt gemachte Ganzstück hat auf der rechten Seite שקל ישראל „Sekel Israel“, über dem Kelch ש'ד d. i. im Jahre 4; auf der linken Seite: ירושלים הקדושה „das heilige Jerusalem“, um den in drei Blumen auslaufenden Zweig.

Das Halbstück aber hat zur rechten Seite (s. de Saulcy a. a. O. pl. 1, Nr. 6):

solche Drachme ist seit den Zeiten Augustus' gleich einem römischen Denar gerechnet worden, der = ¹/₄ jüd. Sekel ist. Vgl. Böckh a. a. O. S. 62 fg. und R. Poole, Art. Numismatics, in der Encyclopaedia Britannica, 8 th. edition p. 379. Anm. 1. Eine andere Ansicht hat Munk vorgetragen, Palaestine p. 402 fg.

[1]) S. die Abbildungen bei de Saulcy Pl. 1. Ein Halbstück in Silber vom Jahre 3 ist zuerst beschrieben (jedoch ohne Abbild) in der Zeitschrift der deutsch. morgl. Gesellsch. XI, S. 155 durch H. C. Reichhardt in Cairo, de Saulcy war nur das Ganzstück aus dem Jahre 3 bekannt.

Nr. 4.

zwei Lulab (oder Bündel stark belaubter Zweige), zwischen ihnen ein Ethrog, rings herum die Inschsift: שנת ארבע חצי „das vierte Jahr, ein halb."

Links: Palmbaum zwischen zwei mit Datteln und andern Früchten angefüllten Körben; rings herum:

לגאלת ציון „der Befreiung Zion's."

Das Viertelstück hat entweder (s. de Saulcy pl. 1, Nr. 8) zwischen zwei Ethrog ein Bündel Zweige und rings herum: שנת ארבע „im vierten Jahre"

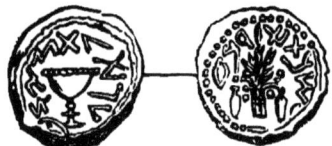

Nr. 5.

und links um einen Kelch לגאלת ציון „der Befreiung Zions: oder rechts [1]) (s. Bayer de numis Sam. S. 122, Nr. 2)

Nr. 6.

zwei Bündel Zweige, mit der Inschrift: שנת ארבע רביע „im vierten Jahre, ein Viertel" und links ein Ethrog, rings herum לגאלת ציון „der Befreiung Zion's".

---

[1]) Vgl. auch de Saulcy a. a. O. pl. 1, Nr. 7.

Ueber die Bedeutung des חצי und רביע, des Halben und des Viertels, war man getheilter Ansicht. Einige meinten: bei חצי und רביע müsse השקל ergänzt werden, so dass der Werth gleich einem halben oder viertel Sekel sei, während Andere denselben als halben oder viertel Gera, von denen, wie bekannt, zwanzig auf einen Sekel gingen, bestimmen. Seitdem aber ein ganzer Kupfer-Sekel des Jahres 4 durch Reichhardt bekannt geworden, so bleibt uns nichts anderes übrig, als eine Zeit grosser Finanznoth uns zu denken, in der man Kupfer in gleichem Werth wie Silber prägte[1]). Dass dieses allerdings nur zeitweilig geschehen sein mochte, erhellt daraus, dass man, wie wir gesehen haben, auch Silbersekel im vierten Jahre prägte. Ob die Nachwirkungen des letzten Krieges gegen Antiochus Sidetes, der allerdings grosse Opfer von Seiten der Juden erheischte, da sie ein Heer von 20,000 Mann Fussvolk ohne die Reiterei ins Feld rücken liessen, die Geldverlegenheit bereitet hatte, können wir nicht mit Sicherheit feststellen. Die Quellen[2]) berichten nichts der Art.

Die hier aufgeführten Münzen sind die einzigen, welche bis jetzt aus der Zeit der Regierung Simon's zu unserer Kenntniss gelangt sind. Sehr bezeichnend ist, dass, abgesehen von jedem Typus[3]), welcher nach biblischen Gesetzen verpönt war, wie z. B. die Ausprägung irgend eines Bildes von einem Menschen oder Thiere, auch all und jede Bezeichnung des Herrschers fehlt. War doch dieser erst durch den Volkswillen aus einem schlichten Priester zum Herrn der Nation eingesetzt worden, und mochte neben grosser Bescheidenheit auch den sichern politischen Takt besitzen, den stolzen Titel zu unterdrücken, um, wie dieser Fall später wirklich eintrat, der

---

1) Ueber das Gewicht dieser Kupfermünze vgl. Cavedoni I, S. 50. Anm. 29. u. unten Anhang I, c. Es bleibt indessen auch noch die Möglichkeit anzunehmen übrig, dass ein Kupfersekel, trotz seines Namens, doch verabredetermassen einen andern Curs als das Silber gehabt habe.

2) 1 Macc. c. 16. Jos. Antiq. 13, 7, 3. jüd. Kr. 1, 2, 2.

3) Das Nähere über die Typen giebt weiter unten Anhang I, b.

Eifersucht des Volkes keine Nahrung zur Unzufriedenheit zu
bieten. Die Nachfolger Simon's mussten erst durch traurige
Erfahrungen darüber belehrt werden, dass sie keine Spröss-
linge des davidischen Stammes, in den Augen des Volkes
nicht als von Gott eingesetzte Fürsten gelten konnten, zumal
sie durch Selbstüberhebung und unjüdisches Gebahren alle
tapfern Thaten ihrer Ahnen in Vergessenheit brachten.

§. 6. Fortsetzung. Münzen der Fürsten aus dem Hause der Hasmonäer.

A. Johannes Hyrkan.

Dem greisen Simon, der die Führung des Heeres schon
in dem letzten Kriege mit den Syrern seinem tapfern Sohne
Johannes Hyrkan anvertraut hatte, war es nicht vergönnt
in Frieden sein Leben zu beschliessen. Sein eigner
Schwiegersohn, Ptolemäus Chabub, Statthalter der Provinz Jericho, war von dem syrischen König Antiochus Sidetes, der
den Verlust Judäa's noch immer nicht verschmerzen konnte,
gewonnen worden, seinen eignen Schwiegervater aus dem Wege
zu räumen, um selbst mit Hülfe der Syrer seinen Platz einzunehmen. Dieses Bubenstück war ihm nur zu leicht gelungen
Auf einer Rundreise durch Palästina, die der alte Fürst in Begleitung seiner Frau und seiner zwei Söhne, Juda und Mattathia unternommen hatte, um sich in Person von der Gerech-
tigkeitspflege und sonstigen Bedürfnissen des Volkes zu über-
zeugen, kehrte er auch bei seinem Schwiegersohn in der
Festung Dok, in der Nähe von Jericho ein, und wurde bei
einem Gastmahle mit seinen zwei Söhnen meuchlings ermordet 135 v. Ch. Doch der Mörder erntete nicht den Lohn seiner ruchlosen That. Johannes Hyrkan wurde alsbald als
Führer und Hoherpriester gewählt, und da die Hülfe der Syrer ausblieb, so flüchtete der Mörder später nach Philadelphia
(Rabbath-Ammon), weil er in seinem festen Schlosse sich für
die Dauer nicht halten zu können geglaubt hatte. Er wusste sodann
den syrischen König Antiochus zu einem Zuge gegen die Ju-

den zu vermögen, und als dieser mit einem grossen Heere,
dem Hyrkan nicht in offenem Felde die Spitze zu bieten wagte,
heranzog, wurde er in Jerusalem hart belagert, so dass er in
einem Friedensschlusse darein willigen musste, die Waffen
auszuliefern, für Joppe und andere ehemals dem syrischen
Reiche gehörige Städte einen Tribut von 500 Talenten zu zahlen
und Geissel zu stellen; in letztere harte Bedingung ging er
eher, als in die ihm gestellte: eine syrische Besatzung in Jerusalem aufzunehmen, ein. Als aber im Jahre 131 Antiochus
in dem Kampfe gegen die Parther gefallen und das syrische
Reich ganz und gar erschöpft war, konnte sich Hyrkan wieder unabhängig und in den nächstfolgenden Jahren sogar
weitere Eroberungen machen. Sichem wurde 129 erobert und
der verhasste Tempel auf dem Berge Gerisim zerstört, auch
Idumäa wurde unterworfen, und seine Bewohner gewaltsam
zum Judenthum bekehrt. Während im syrischen Reiche
innere Zwistigkeiten fortdauernd die Kräfte desselben erschöpf-
ten, wusste Hyrkan die Umstände auf's Beste zu benutzen,
eroberte Samarien nach hartnäckiger Vertheidigung und zer-
störte es gänzlich. Auch auf dem östlichen Ufer des Jordans
scheint er glückliche Kämpfe geführt zu haben, so dass er
hier, so wie im Süden und Norden sein Reich erweiterte.

Nicht ganz so glücklich wie nach Aussen gestaltete sich
seine Herrschaft gegen Ende seines Lebens nach Innen. Her-
vorgegangen aus dem Volke und durch das Volk zu hohen
Würden erhoben, fand das hasmonäische Haus in ihm seine
Stärke und Stütze. Die angesehensten Männer der eifrigen
Patrioten, die begeisterten Anhänger der heiligen Lehre und
deren Vorschriften, die Frommen [1]) (חסידים), welche für sie
Gut und Blut aufzuopfern kein Bedenken getragen, waren daher

---

[1]) Diese Bezeichnung führen, während des heissen Kampfes um
die nationale Unabhängigkeit, die glaubensmuthigen, treuen Juden im
Gegensatz zu den Griechenfreunden (רשעים), (s. 1 Macc. 2, 42. 2 Macc.
14, 6. und häufig in den Psalmen jener Zeit, wie 12, 2. 16, 10. 31, 24.
79, 2 u. ö.); auch findet sich in Bezug auf das religiöse Verhalten für
die frommgläubigen: Nibdalim (נבדלים), der gleichbedeutende Ausdruck

die natürlichsten Räthe und Vertraute der ersten makkabäischen Führer, aus ihnen bestanden die Mitglieder des hohen
Rathes und die Richter des Volkes [1]), während die ehemaligen
Griechenfreunde sich scheu zurückzogen und, den Zeitverhält-
nissen sich fügend, mit ihren Ansichten zurückhielten, froh
dadurch den Blicken der herrschenden Partei sich zu entzie-
hen und vor Verfolgungen sich zu schützen. Und so lange
die Selbständigkeit des jüdischen Volkes nicht ganz gesichert
war, so lange der Kampf um dieselbe fortdauerte, blieb dies
Verhältniss gewiss unverändert. Der gesicherte Zustand aber
unter Hyrkan's letzter Regierungszeit, der zunehmende Wohlstand des Landes durch den emporblühenden Handel fing an
die religiösen Gegensätze abzustumpfen; ja der Herrscher
selbst scheint die bisher zurückgesetzte Partei seiner Person
genähert zu haben. Denn es liegt einerseits im Prinzip aller
Emporkömmlinge alten geehrten Adelsgeschlechtern den
ihnen selbst fehlenden Glanz zu erborgen, um sich als deren
Sonne zu dünken; andererseits waren solche Patriziergeschlech-
ter in der Hand des Fürsten ein mächtiger Hebel gegen die
sich überhebenden Führer der nationalen Partei und deren
die Machtvollkommenheit der Regierenden beschränkenden
Einfluss. Diese Politik scheint denn auch Hyrkan gegen Ende
seiner Regierung eingeschlagen zu haben [2]). Einzelne ehema-
lige Griechenfreunde, oder wie man sie jetzt bezeichnete, S a d -
d u c ä e r, scheint er mit seiner besondern Gunst ausgezeichnet,
und die allmächtige nationale Partei, deren Einfluss auf die

---

des chaldäischen Wortes Peruschim (פרושים), Pharisäer. S. Geiger:
Urschrift u. Uebersetzungen der Bibel. S. 79 u. 103 fg.

1) Vgl. 1 Macc. 1, 26. 12, 6. 13, 36 wo ἄρχοντες, πρεσβύτεροι u.
γερουσία als Behörden zur Zeit der Makkabäer genannt werden.

2) Dass Hyrkan, der Sprössling eines schlichten Priesters auch
den Neigungen der damaligen griechischen Fürsten fröhnte, beweisen
seine vielfachen Bauten: ein Hyrkanion (nach seinem Namen), eine
feste Burg jenseits des Jordans (Jos. Antiq. 13, 16, 3), Machärus (Joseph. das.), u. ein Thurm, wo später die Burg Antonia stand (Jos. das.
18, 4, 3). Allerdings mögen diese Bauten auch zur Sicherheit des
Reiches aufgeführt worden sein.

Regierung lästig geworden war, niederzuhalten Miene gemacht
zu haben. Und so mochte es denn kommen, dass die gäh-
rende Unzufriedenheit über die Regierungsmassregeln Hyrkan's
bei einer geringfügigen Veranlassung zum Ausbruch kam und
den Herrscher mehr der andern Partei (wir würden nach den
technischen Bezeichnungen unserer Zeit sagen: der conser-
vativen) zuwandte. Einst bei einem Gastmahle hatte Hyrkan
die Pharisäer gefragt, ob sie an seiner Regierung etwas
Tadelnswerthes zu rügen fänden, und von einem derselben die
verletzende Antwort erhalten: Hyrkan möge mit der Fürsten-
krone zufrieden sein und das Hohepriesterthum einem Würdi-
geren überlassen, da seine Mutter zur Zeit des Antiochus
Epiphanes eine Gefangene gewesen und der Sohn einer solchen
untauglich zum Priesterthum sei. Der Fürst sah in diesem
Ausspruch und in der gegen den Vorwitzigen von seinen Genossen verhängten geringen Strafe den Ausdruck der ganzen
nationalen Partei und neigte sich von nun an der entgegen-
gesetzten zu, eine Maassregel, die unsägliches Leid für die
Juden gebracht hat. Hyrkan selbst, der zu fest in der Liebe
des Volkes wurzelte, empfand noch nicht die trüben Folgen
seines Verfahrens, er starb in Frieden im Jahre 105.

Von seiner dreissigjährigen Regierung besitzen wir eine
ziemliche Anzahl Münzen, aber die uns erhaltenen sind
sämmtlich, so wie die aller seiner Nachfolger nur in Kupfer
geprägt. Die Typen sind verschieden sowohl von den kup-
fernen, als auch von den silbernen Münzen seines Vorgängers;
sie bestehen aus einem doppelten Füllhorn und auf manchen
Exemplaren noch verziert mit herabhängendem Weinlaub. Wo
die Spitzen der Füllhörner sich berühren, ist ein Mohnkopf[1]);
sowohl dieser wie jene sind Andeutungen auf die Fruchtbar-

---

[1]) Cavedoni (II, 18.), sowie früher schon Eckhel haben nach
unserer Ansicht diese Figur richtig erkannt, während de Saulcy einen
Granatapfel darin sucht. Dieser hat aber auf Münzen von Side (s. de
Luynes: numismatique des Satrapies, pl. III.) eine andere Gestalt.

keit des Landes [1]). Die rechte Seite trägt in einem Kranze von Olivenblättern die Inschrift:

יהוחנן הכהן הגדל וחבר היהודים

„Johanan, der Hohepriester und die Genossenschaft der Juden."
Neben dieser regelrechten Legende findet sich der Name des Hohenpriesters sehr häufig יהוכנן und statt וחבר (oder והחבר de Saulcy pl. III, 6. und XX, 1.) auch einmal והבר (das. III, 1.) geschrieben [2]), wie wir später noch sehen werden. Sehr bezeichnend für die damaligen politischen Verhältnisse der Juden nach Innen ist die genannte Legende. Johannes Hyrkan nennt sich nur „Hoherpriester" nicht Fürst der Juden, ja er schlägt nicht aus alleiniger Machtvollkommenheit das gangbare Geld, sondern im Verein mit der Genossenschaft der Juden [3]),

---

[1]) Der Typus des doppelten Füllhorns kann allerdings, wie Cavedoni a. a. O. S. 16. Anm. 9. bemerkt, Nachahmung einiger Münzen syrischer Fürsten sein, und man braucht über diese Wahl auf jüdischen Münzen sich nicht zu wundern (s. de Saulcy, l'art judaïque p. 379.), da sie nicht gegen die väterlichen Gesetze verstösst. Auch auf den nabathäischen Münzen, sowie auf denen Agrippa I. und II. und auf einzelnen römischen Kaisermünzen ist das zusammengewundene Füllhörnerpaar anzutreffen. S. de Luynes: Monnaies des Nabatéens, p. 33.

[2]) Die Vertauschung von He und Cheth ist nicht weiter auffallend, aber auch die von Cheth und Kaf findet sich bereits im Bereiche des biblischen Sprachschatzes, wie manche Beispiele das belegen können, vgl. חָתַף und חָתַר, חָבַר und כָּבַר u. dergl. Die Septuaginta giebt das Cheth häufig durch χ und selbst durch Kappa, wie פָּסַח φασέκ 2 Chr. 30, 1. טָבַח ταβέκ 1 Mos. 22, 24. s. Gesenius thes. p. 436.

[3]) Dies ist gewiss der Sinn des Wortes חבר Cheber, das so oft missverstanden und die mannigfachsten Deutungen erfahren hat. Gewöhnlich nahm man es in dem Sinne „Freund", und bezog es auf den Hohenpriester; allerdings ganz unpassend, wenn sich dieser Freund der Juden nannte. Richtiger sieht schon Cavedoni (II, 14.) die Sache an, wenn er übersetzt: „und das Volk der Juden". Man würde jedoch, wenn das ganze Volk der Juden gemeint sei, nicht Wecheber hajehudim, sondern einfach Wehajehudim erwarten. Cheber bedeutet aber eine engere Gemeinschaft, wie dies sehr gut von Geiger (Urschrift S. 122.) erwiesen worden ist, vgl. auch unsere phönizische Studien I, S. 12 f. Auch bei den Phöniziern (vgl. die Inschrift von

d. h. im Sinne der damaligen Zeit, des mitregierenden Senats, welcher aus den Pharisäern, oder den Patrioten, im Gegensatz zu den Griechenfreunden hervorgegangen ist.

Eigenthümlich sind unter den Münzen Johanan's einzelne Exemplare, welche oberhalb der althebräischen Inschrift, wo die Blätter des Kranzes zusammentreffen, ein griechisches A haben, s. de Saulcy pl. III, 11., das wir hier wiedergeben [1]):

Nr. 7.

Die Inschrift ist ganz deutlich:

A

יהוכנן

הכהן הגר

ל ותבר הי

הורים

Marseille und dazu Movers, punische Texte II, S. 34 f. und das phöniz. Alterth. II, S. 495 f.) werden die Hetärien durch חברנם (Plur. v. חברן) bezeichnet, ein Collegium aus den dreissig Geschlechtern der karthagischen Aristokratie, welche durch die beiden Senate vertreten wird. In der genannten Inschrift sind nun die beiden im Anfange des Dekrets erwähnten Suffeten die Repräsentanten des Senats, und ihnen zur Seite stehen die Chebronim, die Genossenschaften, wie bei den Griechen die Phratrien und bei den Römern die Curien. Wenn also Suffeten und Genossenschaft bei den Karthagern ein Dekret erlassen, so ist dies so viel, wie „Suffeten und Geronten" oder Senatoren, wie man diese Zusammenstellung, wenn von amtlichen Erlassen bei der dortigen Behörde bei den alten Schriftstellern die Rede ist, häufig findet. Ebenso ist auch bei den Juden der Zeit, von der wir hier handeln, der Hohepriester und die Genossenschaft der Juden soviel, wie in den obenerwähnten Erlassen des syrischen Königs an das jüdische Volk: die ἄρχοντες, oder πρεσβύτεροι aus der die γερουσία bestand. Ewald (gött. gel. Anz. 1855. S. 643.) nimmt gar das Wort (= חבר) = Feldherr, Bannherr, was nur der Curiosität wegen angeführt zu werden verdient.

[1]) Andere Exemplare s. bei Bayer, S. 190. Nr. 4. und 6. und de Saulcy pl. XX, 3.

4 *

d. h. „Johanan, der Hohepriester und die Genossenschaft der
Juden."

Das griechische A könne sich nur, wie de Saulcy (p. 99 ff.)
glaubt, auf die Allianz, welche zwischen Johannes Hyrkan und
Antiochus Sidetes (im J. 134) oder Alexander Zebina (im J.
126) geschlossen worden, beziehen, so dass das Alpha den
Anfangsbuchstaben des Namens eines dieser Fürsten bezeichnet habe, während Cavedoni einen Zusammenhang mit einer
corona aurea (dem goldnen Kranze), welcher von dem syrischen Könige Antiochus Sidetes oder einem andern syrischen
Herrscher, dem Johannes Hyrkan gesandt worden sein könne,
darin findet. Wir müssen diese letztere Erklärung dahin
gestellt sein lassen, da keine Quelle eine solche Auszeich-
nung erwähnt.

Noch merkwürdiger ist eine andere Legende unter den
Hyrkan's-Münzen, welche de Saulcy (Pl. III, 3) mittheilt, ohne
irgend einen Versuch zur Lösung der räthselhaften Aufschrift
zu machen.

Sie ist, wie das Abbild zeigt,

Nr. 8.

ganz deutlich und die Typen denen der übrigen Münzen gleich:

יהוכ

נן הכהן ה

גדל ...ו

חבר היה

ם(ו)ר'ם

nur an der Stelle, wo wir drei Punkte gesetzt haben, befin-
den sich drei Buchstaben, die auf keiner andern Hyrkan's-
Münze angetroffen werden und deren Erklärung nicht ohne
Schwierigkeit ist [1]; wir können nur Vermuthungen, welche

---

[1] Je nachdem man den Werth der einzelnen Zeichen — das
erste (rechts) kann Waw oder Resch, das zweite Tav oder Aleph (vgl.

wir in der vorangehenden Anmerkung ausgesprochen haben,
über den Sinn derselben hegen, bis weitere Funde uns in
deutlicheren Zeichen diese Legende bieten möchten. Auch
sonst zeigen die Münzen Hyrkan's in einzelnen Exemplaren
Nachlässigkeit in der Präge, so dass manche Aufschriften ohne
Beihülfe gut erhaltner nicht lesbar, und wo diese fehlen, in
der That nicht zu entziffern sind [1]).

B. Juda Aristobul.

Unter seinen fünf Söhnen hatte Johannes Hyrkan den ältesten Juda [2]) Aristobul zum Hohenpriester und seine Gemahlin
zur Herrscherin ernannt, doch jener liess sogleich nach dem
Tode des Vaters seine Mutter einkerkern und verhungern [3])

---

de Saulcy XI, 2.) und das dritte Mem oder Schin sein — deutet, wird
man einen verschiedenen Sinn herausbringen. Hält man das erste Zeichen für ein Waw, das zweite für Tav und das dritte für Mem, das den
Strich statt zur rechten zur linken hätte, so erhielte man וחם, d. h. der
fromme, gottesfürchtige, das zur Noth aushelfen könnte. Ein
anderer Vorschlag (in d. gött. gel. Anz. a. a. O.) ורש zu lesen, d. h.
„der Anführer oder oberste Feldherr", ist ganz ungerechtfertigt der
Schrift und Bedeutung nach, denn dass dies Wort „in ähnlicher Stellung und Bedeutung auch auf phönizischen Münzen gebraucht werde"
ist uns nicht bekannt, der Nachweis wäre sehr zu wünschen. Höchst
wahrscheinlich sind die cilischen Münzen bei de Luynes (essai sur la
numism. des Satr. Pl. XIII.) gemeint, deren Aufschrift man irriger
Weise רש מלך las, es ist aber רם מלך gewiss die richtige Lesung. S.
unsere phöniz. Studien 1, S. 32. Anm. 2. — Wir möchten vorschlagen
ראש zu lesen, und nach 2 Chr. 19, 11. (כהן הראש) zu deuten.

[1]) Auf incorrecte Schreibart des Namens יהוחנן statt יהוחנן haben
wir bereits hingewiesen; Pl. III, 7. bei de Saulcy steht וחר statt וחבר,
bei Nr. 10. ist durch Hülfe der andern Legenden noch so viel herauszubringen, dass die gewöhnliche Inschrift beabsichtigt worden sei;
dagegen ist Nr. 9. das. und XX, 2. ganz unlesbar, und zweifeln wir,
ob diese überhaupt Johanan angehören.

[2]) Dieser hebräische Name, neben dem griechischen, wird von
Josephus (Antiq. 20, 10, 3.) ausdrücklich genannt.

[3]) Es scheint, als wenn die Geschichte der spätern Hasmonäer,
von Joh. Hyrkan an, seitdem dieser sich den Sadducäern zugeneigt
hatte, mit manchen Zügen grausamer Willkührherrschaft bereichert
worden wäre. Vgl. auch Grätz, Gesch. d. Juden, III, 126.

und regierte statt ihrer. Auch seine drei Brüder wurden in's
Gefängniss geworfen, nur sein Waffengenosse Antigonus blieb
von solchem Schicksal verschont und führte mit dem Herrscher
das Heer. Dieser befolgte die Politik seines Vaters, indem
er die Grenzen seines Reiches nach Nordosten hin erweiterte,
die Ituräer bezwang und dem Judenthum zuführte. Doch konnte
er seine Eroberungen nach dieser Seite hin wegen Kränklich-
keit nicht weiter fortsetzen und musste die Führung des Heeres dem Antigonus überlassen, welcher indessen bald darauf,
als er zur Zeit des Laubhüttenfestes nach Jerusalem zurück-
gekehrt war, durch Meuchelmord fiel. Nicht lange nachher
starb auch Aristobul, nachdem er nur ein Jahr geherrscht
hatte (104 v. Ch.), wie man sagt, vor Gram über seine Misse-
thaten. Ob nun dieser Fürst, wie sein Vater, dahin gestrebt
habe, die Macht der Pharisäer zu brechen und den Sadducäern sich zu nähern, ist nicht leicht zu ermitteln, denn dass
er sich „Freund der Hellenen"[1] genannt habe, mag mehr
Modetitel gewesen sein; so viel aber weisen die wenigen unter seiner Herrschaft geschlagenen Münzen nach, dass es ihm
nicht gelungen war, den Königstitel[2] sich beizulegen und ganz
selbständig zu regieren. Die Inschriften dieser sind, mit Aenderung seines Namens, ganz die seines Vorgängers, auch die
Typen (zwei Füllhörner, in der Mitte ein Mohnkopf) sind dieselben. Wir geben hier das Abbild einer Seite nach den zwei
von de Saulcy veröffentlichten Exemplaren, die sich gegen-
seitig ergänzen:

a.   b.

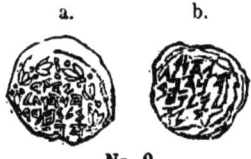

Nr. 9.

---

[1] Nach Jos. a. a. O. 20, 11, 3. nennt er sich φιλέλλην.
[2] Wir werden sehen, dass Strabo (16, 2, 40.) ganz Recht habe,
wenn er den Nachfolger Aristobul's als den bezeichnet, welcher zuerst
den Königstitel angenommen habe.

Die Inschrift ist zu lesen:

יהוד
הכהנגל
ולוחבר
הי

d. i. [יהודים]הי וחבר כהן גדול יהודה: „Juda, Hoherpriester und die
Genossenschaft der Juden". De Saulcy (a. a. O. pl. II, 1 u. 2)
hat uns zuerst diese seltenen Münzen bekannt gemacht und
legt sie dem Juda Makkabi, wiewohl mit Unrecht [1]) bei. Aus
der Kürze der Regierungszeit Juda's erklärt es sich, dass Münzen von ihm so sehr selten sind [2]). Dass auf beiden Exemplaren גלול steht, ist gewiss nur ein Irrthum des Formschnei-
ders, da aus einem Δ Daleth, sobald man den Strich zur
rechten nachlässiger Weise fortliess, leicht ein L werden konnte.

Aus diesen mitgetheilten Münzen ergiebt sich, wie schon
früher angedeutet, mit grosser Wahrscheinlichkeit, dass Juda
Aristobul, noch immer sich mit dem schlichten Titel eines
Hohenpriesters begnügen musste, und dass die nationelle
Partei durch ihren mitregierenden Senat ihre Rechte zu
wahren verstanden hat. Anders wurde es unter dem folgen-
den Fürsten Alexander Jannäus, von dessen wechselvoller
Regierung unsere Münzen beredte Zeugen sind.

C. Alexander Jannäus.

Der älteste der drei übrig gebliebenen Brüder des ver-
storbenen Königs Alexander Jannai (ינאי) bestieg, aus dem
Gefängnisse befreit, den jüdischen Thron (104—79 v. Chr.).
Von kriegerischem Muthe beseelt, gestützt auf ein tüchtiges
Heer, bestehend aus fremden Söldnern und einheimischen

---

[1]) Ich habe darüber bereits in der allg. Zeitung des Judenthums
1855. Nr. 27. S. 349 f. gesprochen und sie Aristobul I. vindicirt, vgl.
auch noch weiter unten Anhang 1, a.

[2]) de Saulcy hat zwar diesem Fürsten griechische Münzen
(a. a. O. pl. IV.) zugeschrieben, diese gehören jedoch der Julia Augusta, der Mutter Tiberius' an, wie Cavedoni sehr gut nachweist, s.
das. II, S. 47 f.

Truppen, brachte er seine 27jährige Regierung meistentheils
mit Kämpfen nach Aussen und Innen hin. Die Seestädte an
der mittelländischen Küste, Ptolemais (Ako), Dora, Stranos-
pyrgos und Gaza fielen in seine Hände und die einst so blühenden Städte erfuhren die wilde Grausamkeit des Eroberers,
so dass sie lange Jahre hindurch den Anblick einer Wüste
und Schlupfwinkel für Räuber boten. Auch im Osten seines
Reiches waren seine Unternehmungen im Ganzen von Glück
gekrönt. In diesen Kämpfen verging etwa das erste Drittel
seiner Regierung, während im Innern des Reiches die alte
Zwietracht zwischen der Volkspartei, zu der hauptsächlich
die Pharisäer gehörten, und der der Vornehmen (Priester,
Sadducäer) fortloderte. Jene auf die wachsende Macht des
Fürsten, der durch sein krieggeübtes und seinem Ruhme folgendes Heer sich immer mehr unabhängig machen konnte,
eifersüchtig, fanden ihre Stütze an dem weisen Simon ben
Setach (vielleicht ein Verwandter der Königin Salome und von
ihr begünstigt) und suchten in der Verwaltung wichtiger Staats-
ämter ihre Genossen zu betheiligen, um ihren Gegnern das
Gleichgewicht zu halten. So kam es denn, dass, als einst
der wilde Krieger als Hoherpriester am Laubhüttenfeste fun-
girend die strengen Bräuche verletzte, das Volk in solche
Wuth ausbrach, dass sie nach dem König mit ihren Fest-
sträussen (besonders mit dem Ethrog) warfen, und dieser
durch seine Söldner auf die Meuterer einhauen und an 6000
tödten liess (95 v. Chr.). Mit diesem Ereigniss war der Bruch
zwischen dem König und der mächtigen Volkspartei entschie-
den, ein sechsjähriger blutiger Aufstand erfolgte, in dem an
50000 Menschen blieben. Die Wuth der Juden ging dabei so
weit, dass man den Erzfeind, die Syrer, gegen den eigenen
König zu Hülfe rief. Diese unpolitische Maassregel brachte
endlich den minder ungestümen Theil der Aufständischen zur
Besinnung, man vertrug sich mit dem bedrängten König und
diesem gelang es, seine bittersten Feinde zu besiegen und sich
blutig zu rächen. Doch scheint er gegen das Ende seiner
Regierung, während welcher er seine Eroberungen fortsetzte,

so dass er, um mit Josephus[1]) zu reden, „Städte der Syrer,
Idumäer und Phönizier inne hatte", sich allmälig mit den
Pharisäern auf einen bessern Fuss gestellt zu haben, und als
er vor seinem Tode (79) seine Gemahlin zur Regentin einsetzte, bewirkte er die völlige Aussöhnung mit jener Partei.
Die Versöhnung befestigte sich durch jene Maassregel, welche
die Königs- und Priestermacht theilte, in dem Grade, dass
man dem Verstorbenen nur Gutes nachsagte und alles Uebele
vergass.

Diese kurze Skizze, die keinesweges den reichen Inhalt
des vielbewegten Lebens von Alexander Jannäus erschöpfen
soll, reicht hin zum Verständniss der unter seiner Herrschaft
geprägten Münzen, von denen wir noch eine ziemlich grosse
Anzahl besitzen. Im Anfange seiner Regierung, als er durch
seine kriegerischen Unternehmungen von den inneren Streitig-
keiten abgezogen war, prägte er ganz mit denselben Typen,
wie sein Bruder und Vater; auf der Rückseite zwei bebän-
derte, an ihren Enden verbundene Füllhörner, in deren Mitte
ein Mohnkopf; auf der rechten Seite in einem Lorbeer- oder
Olivenkranz die Inschrift: (s. de Saulcy pl. II u. 5.).

Nr. 10.

ינתנה

כהנה׃

דלוחבר

היהד

d. i. [ם]ינתן הכהן הגדול וחבר היהר[ים „Jonathan der Hohepriester
und die Genossenschaft der Juden[2]).

---

[1]) Antiq. 13, 15, 4., vgl. Eusebius chron. II, p. 304.
[2]) Neben dieser fast ganz vollständigen Legende, finden sich bei
de Saulcy (a. a. O. pl. II.) noch andere minder gut erhaltene oder
nicht ganz correcte. So hat z. B. Nr. 3. zu Ende: הכהן הגרל הבב הג
Nr. 4. וחבר abgekürzt in ח.

Der Name des Königs, der uns nur unter dem Namen
Alexander Janaios bei Josephus und andern griechischen
Schriftstellern, oder unter Jannai יני im Thalmud bekannt
war, wird uns durch die Münzen als Jonathan bezeichnet, das
offenbar sich in Janai יאנ verkürzt hat[1]); die Schreibweise
ינתן ist bereits in den biblischen Schriften anzutreffen[2]).

Noch immer nennt sich der Herrscher einfach „Hoherpriester" und lässt neben sich auch die vertretende Volksbe-
hörde gelten, ein Zeichen, dass die wachsende äussere Macht
und der zunehmende Länderbesitz seinem Ehrgeiz genügte und
ihn von den innern Verhältnissen abzog, so dass ein ziemlich
friedlicher Zustand unter den verschiedenen Richtungen der
Juden sich voraussetzen lässt[3]). Aber seit der Eroberung der
Seeplätze am mittelländischen Meere und der schliesslichen
Einnahme von Gaza (96 v. Chr.), scheint sich der Glanz seiner
Siege auch durch äussere Zeichen zu manifestiren, und da die
Zwietracht mit der Volksparthei und ihren Vertretern alsbald
ausbrach, tritt Alexander als selbständiger Herrscher auf.
Auf den Münzen, die wir in dieser Zeit geschlagen uns den-
ken, nennt er sich (vgl. de Saulcy pl. II, 8, 9):

Nr. 11.

יהונתן המלך „der König Iehonathan" eingeschrieben in die Zwi-
schenräume eines achtstrahligen Sternes, der von einem Kreise
eingeschlossen ist, oder, in andern Exemplaren um eine halbgeöffnete Blume, und auf der Rückseite:
ΑΛΕΞΑΝΔΡΟΥ ΒΑΣΙΛΕΩΣ „des Königs Alexander",
geschrieben um einen Anker mit zwei Querhölzern. Dieser ist
bekanntlich auf den Münzen der Seleuciden anzutreffen und
von diesen höchst wahrscheinlich entlehnt. Er mag immerhin

---

[1]) Vgl. allg. Zeit. d. Judenth. a. a. O. u. weiter unten Anhang I, a.
[2]) S. Gesenius: thes. p. 581.
[3]) Vgl. auch Grätz a. a. O. S. 132 f.

auch als ein Symbol der Seemacht auf den Besitz von See-
häfen [1]) hinweisen, die Alexander, wie wir oben gesehen haben, seinem Reiche einverleibt hatte. Auch dass er „die Genossenschaft der Juden" ganz und gar übergeht, nur „König
Jehonathan" und gar in griechischer Schrift „König Alexander [2])"
sich nennt, weist wohl auf die Zeit hin, als der König mit
der Volkspartei gebrochen hatte [3]).

Auf diesen Bruch aber folgte die Versöhnung, und irren
wir nicht sehr, so möchten wir diejenigen Münzen, welche
die alten Typen (der Füllhörner mit dem Mohnkopfe), aber
die volle Schreibweise יהונתן, neben „der Genossenschaft der

---

[1]) S. Cavedoni I, S. 39. und II, S. 21 f. Derselbe Gelehrte bemerkt, dass die halbgeöffnete Blume viele Aehnlichkeit habe mit derjenigen, welche man auf der Rückseite einer kleinen Bronzemünze
des Antiochus VIII. Epiphanes (Gryphos) sieht und könnte vielleicht
auf die von Alexander mit jenem syrischen Könige geschlossene
Allianz hindeuten. Diese Beziehung ist wohl möglich und passt zu der
Zeit, in welcher wir diese Münzen geprägt uns denken, wenn auch
die Blume, als ein Zeichen des blühenden Zustandes des Reiches, hinlänglich ihre Erklärung findet.

[2]) Als ינאי המלך nennt diesen König häufig der Thalmud und
auch Strabo, wie schon oben angedeutet, behauptet, dass er sich
zuerst „König" genannt habe, während Josephus Antiq. 13, 11, 1.
dies bereits von Aristobul geschehen sein lässt. Das arabische Makkabäerbuch (Cap. 22.) geht sogar noch höher hinauf und lässt Johannes Hyrkan sich die Königskrone aufsetzen.

[3]) In dem Münzcabinet zu Marseille befindet sich eine Münze
(wie mir durch den Herrn Grafen de Vogüé gütigst mitgetheilt worden
ist), welche auf der linken Seite einen Kranz ohne alle Inschrift, und
auf der rechten ΑΛΕΞΑΝΑΡΟΥ ΒΑΣΙΑΕΩΣ („des Königs Alexanders") mit den zwei verbundenen Füllhörnern und dem Mohnkopf in
der Mitte hat. Abgesehen davon, dass diese Münze uns einen neuen
Beleg giebt, dass auch die obige Nr. 10. unserm Alexander Jannäus,
gegen die Ansicht de Saulcy's (s. weiter unten Anhang I. a), zugeschrieben werden muss, zeigt sie uns auch, wie sehr dieser König
von der herkömmlichen Sitte abgewichen, indem er nur griechischer
und keiner hebräischen Charaktere sich bedient hat. Näheres über
diese interessante Münze haben wir von Herrn de Vogüé in der revue
numismatique zu erwarten.

Juden" haben, in diese Zeit der Aussöhnung des Königs mit
den erbitterten Juden setzen. Ja eine Münzinschrift scheint
als einen Beweis noch grösserer Concession des Königs an das
Volk gelten zu können (s. de Saulcy pl. II, 10).

Nr. 12.

Die Münze scheint vollkommen gut erhalten nnd die Inschrift:

יהו

נתנהכ

הנהגרל

והי

d. h. (הרים)והי הגרל חכהן יהונתן „Jehonathan, der Hohepriester und die Juden" ist jedenfalls ein nicht zu verachtendes
Zeugniss dieser ehernen Denkmäler, dass der König das er-
bitterte Volk sich geneigt machen wollte [1]).

D. Die letzten Hasmonäer. Alexander, Antigonus und Alexander II.

Der Rath, welchen der sterbende König seiner Gattin
Salome Alexandra ertheilt hatte, sich an die Pharisäer zu halten, fand um so mehr in dem Herzen dieses staatsklugen Weibes eine gute Stätte, da sie ohnehin sich beim Leben ihres
Gatten stets dieser Partei geneigt gezeigt hatte. Während
ihrer neunjährigen Herrschaft überliess sie von ihren Söhnen

---

[1]) Cavedoni (a. a. O. II, Anm. 13.) erwähnt noch einer Münze
des Königs Alexander mit hebräischer Inschrift innerhalb eines Kranzes und mit doppeltem Füllhorn und Mohnkopf auf der Rückseite,
welche oberhalb des Füllhorns die griechischen Buchstaben LA (d. i.
anno I.) zeigen soll. Sie ist in der Umgegend von Jerusalem gefunden. Auf einer andern, ebenfalls im Besitze Cavedoni's, welche zwei-
sprachig und mit den Typen des Sterns und Ankers versehen ist, will
dieser Gelehrte zur Seite des Ankers die Siglen LS (d. h. anno VI.)
gelesen haben. Wir geben zur Vollständigkeit die kurze Notiz, und
müssen nur bedauern, dass diese interessanten Münzen nicht im Abbilde mitgetheilt worden.

das Hohepriesterthum ihrem gutmüthigen, aber charakterschwachen, ältern Sohne Hyrkan; ihren jüngern, thatkräftigen und leidenschaftlichen Aristobul hielt sie aber von Staatsgeschäften fern. Das Reich wusste sie selbst zu schützen und alle Eroberungen Alexander Jannäus' zu behaupten. Erst am Ende ihrer Regierung, als sie krank darnieder lag und die Pharisäer sich ihrer Macht überhoben, viele ihrer ehemaligen Feinde getödtet oder eingekerkert hatten, nahm sich Aristobul der Verfolgten an und beim Tode der Königin (70 v. Chr.) hatte er die wichtigsten Festungen des Landes inne, um auf diese gestützt die Krone sich aufzusetzen.

Von der Herrschaft der Königin Alexandra giebt uns eine Münze Zeugniss, welche de Saulcy[1]) zuerst veröffentlicht hat

Nr. 13.

Sie zeigt zur rechten Seite um einen Anker, den wir bereits durch die Münzen Alexander Jannäus' kennen, die griechische Inschrift:

ΑΛΕΞΑΝΔ. ΒΑΙΑΙΣ. d. i. „die Königin Alexandra" und auf der linken in den Zwischenräumen eines achtstrahligen Sternes die Spuren einer hebräischen Legende, von der nur noch ein ה (wahrscheinlich zu einem Worte מלכה „Königin" gehörig) sichtbar ist[2]). Es ist auch wohl ganz erklärlich, dass die gelehrige Schülerin der Pharisäer die hergebrachte Sitte der Väter auch bei der Münzprägung beibehielt.

Die blutige Saat des Parteizwistes ging aber nach dem Tode Alexandra's vollends auf. Die beiden Brüder, getragen von den Anhängern beider Richtungen, fochten ihre Ansprüche

---

1) a. a. O. pl. IV, 13.

2) In dem uns vorliegenden Abdruck des de Saulcy'schen Werkes sind uns diese Spuren nicht sichtbar geworden, doch wollen de Saulcy selbst und Cavedoni sie bemerkt haben.

in einer blutigen Schlacht bei Jericho aus; Hyrkan wurde geschlagen und musste um Frieden bitten; dieser kam auch
bald zu Stande, indem Hyrkan sich mit dem Hohenpriester-
thum begnügte und seinem Bruder Aristobul die Regierung
überliess. Um das Bündniss fester zu knüpfen, heirathete
Alexander, der Sohn Aristobul's die Tochter Hyrkan's, Alexandra, deren Nachkommen später ein so trauriges Ende genommen haben. Allein trotz dieser Familienbande und des geleisteten Eides den Frieden zu halten, ward dieser nur zu bald
wieder gestört. Ein Idumäer, Antipater, aus angesehenem
Geschlechte und von maasslosem Ehrgeiz beseelt, hatte die
Freundschaft Hyrkan's sich zu erwerben gewusst, und da er
diese in ruhigen Zeiten nicht seinen Zwecken gemäss hinlänglich ausbeuten konnte, überredete er den schwachmüthigen
Mann, dass Aristobul damit umginge ihn aus dem Wege zu
räumen, um ganz unumschränkt herrschen zu können, und
dass er mit Hülfe des Nabathäer-Königs Aretas die ihm, als
dem ältesten Sohne gebührende Krone sich erwerben möchte.
Mit jenem Könige war inzwischen von dem schlauen Antipater die nöthige Verabredung getroffen, dass er gegen reiche
Geschenke und Abtretung von zwölf auf der östlichen Seite
des todten Meeres gelegenen Städten, den zu ihm geflohenen
Hyrkan als König einsetzen solle. Mit einem Heer von 50000
Mann fiel Aretas in Judäa ein, Aristobul wurde geschlagen
und in Jerusalem belagert (64). Unfehlbar wäre die Stadt
erobert worden, wenn nicht die Römer, welche um diese Zeit
gegen Tigranes, König von Armenien, dem von den Syrern
auch die syrische Krone angetragen worden, Krieg führten, sich ins Mittel gelegt hätten. Scaurus, der Legat des
römischen Feldherrn Pompejus entschied sich zwar für
Aristobul, und die Araber mussten das Feld räumen, doch
Pompejus selbst für Hyrkan, weil er in dem schwachen Fürsten das geeignetste Mittel sah, Judäa über kurz oder lang
in die Hände der Römer zu liefern. Als Aristobul sich dieser
Entscheidung nicht fügen wollte, wurde er auf dem Tempel-
berge von Pompejus belagert, der Tempel nach tapferer Ge-

genwehr (im J. 63) erobert, Hyrkan als Hoherpriester einge-
setzt und Aristobul mit seinen zwei Söhnen, Alexander und
Antigonus, für den Triumphzug des Siegers nach Rom geschickt
So wurde Judäa, das durch die Einigkeit der heldenmüthigen
Hasmonäer gross geworden, durch die Zwietracht der entarte-
ten Brüder dieses Geschlechtes den Römern tributpflichtig.

Noch einige Mal versuchten es jedoch die gefangenen
Makkabäer das Erbe ihres Vaters mit den Waffen wieder zu
gewinnen. Schon unterwegs war Alexander (II.) entflohen,
patriotische Juden schaarten sich um ihn, drei von seinen
Vorfahren erbaute Festungen kamen in seine Gewalt, aber der
von Antipater zu Hülfe gerufene Gabinius, Statthalter von Syrien, überwältigte ihn und nur auf Fürbitte seiner Mutter er-
langte er die Freiheit. Judäa ward durch Eintheilung in fünf
vom Synhedrion in Jerusalem unabhängige Kreise noch mehr
geschwächt. Ein Aufstand Aristobul's, der mit seinem Sohne
Antigonus aus Rom geflohen und zahlreiche Anhänger unter
seinen den harten Römerdruck schmerzlich empfindenden
Landsleuten gefunden, endigte mit der Gefangennehmung und
Rücksendung beider nach Rom (56 v. Chr.). Einen gleich unglücklichen Erfolg hatte Alexander's Unternehmen, während
des Zuges des Gabinius nach Aegypten einen Aufstand zu
erregen; später (48) fand er durch Henkers Hand, auf Veranlassung des Pompejaners Scipio seinen Tod. Sein Vater Aristobul, der auf Cäsar's Geheiss mit zwei Legionen sich den
Thron seiner Väter erobern sollte, war ihm bereits vorange-
gangen, auch er soll durch Gift von Pompejus' Freunden auf
die Seite gebracht worden sein. So war nur noch Antigonus
übrig, um die Schmach seines Vaterlandes zu betrauern. Es
seufzte unter dem Drucke der Römer und des Römlings Antipater, der sich die Gunst Cäsar's und den Titel eines Reichs-
verwesers bald erschmeichelt, und nicht lange darauf seinen
ältesten Sohn Phasael zum Statthalter von Jerusalem und seinen jüngern Herodes über Galiläa' gesetzt hatte; Hyrkan war
Hoherpriester geblieben und dem Scheine nach Ethnarch.
Auch nach der Ermordung Cäsar's (44) änderte sich nichts

in diesem Verhältnisse, gleichmässig verstanden es die Idumäer, und vorzüglich Herodes, der nach der Ermordung seines Vaters in den Vordergrund tritt, sich durch Dienstbeflis-
senheit die Zuneigung der Mörder Cäsar's, als auch dessen
Rächers Antonius zu sichern. Während dieser in Aegypten in
Schwelgerei lebte, versuchte es Antigonus, mit Hülfe der
Parther, welche durch reiche Geschenke und glänzende Ver-
sprechungen von ihm gewonnen wurden, Judäa zu erobern.
So sehr müssen die beiden Brüder Herodes und Phasael ver-
hasst gewesen sein, dass nochmals Antigonus überall die be-
reitwilligste Unterstützung fand. Jerusalem wird erobert und
Phasael, durch List gefangen, giebt sich im Gefängniss den
Tod. Hyrkan wurde mit abgeschnittenen Ohren — diese auf
Veranlassung Antigonus' vorgenommene Verstümmlung machte
ihn zum Hohenpriester unfähig — nach Parthien geführt.
Herodes muss heimlich entfliehen und kömmt nach manchen
Wechselfällen nach Rom. Antigonus wird als Herrscher Ju-
däa's von den Parthern eingesetzt (49 v. Chr.). Nur drei
Jahre hatte er den Thron inne. Der schlaue Herodes war
nicht müssig geblieben, die Herrscher Rom's erkannten in ihm
den Mann, der am geeignetsten wäre, Palästina für die Rö-
merherrschaft vorzubereiten. Er wurde daher vom Senat zum
König der Juden auf dem Capitol feierlich gekrönt, ein grosses
Heer zu seiner Verfügung gestellt, vermittelst dessen es ihm
gelang im J. 37 Jerusalem zu erobern und Antigonus in seine
Hände zu bekommen. Durch das Beil des Henkers endete
dieser tapfere Makkabäer.

So sind denn dreissig Jahre seit dem Tode Alexander's
unter mannigfachen Wechselfällen dahingeflossen, und eben
diese erklären es zum Theil, dass wir eine so geringe Anzahl
von Münzen aus diesem Zeitabschnitt übrig haben. Weitere
Nachgrabungen werden vielleicht noch manche Lücke ausfüllen.
Vermuthlich gehören Alexander II. die kleinen Bronzemünzen
an, welche de Saulcy (a. a. O, pl. IV, 9—12) mittheilt und
Alexander Jannäus zuschreibt. Sie haben um einen Anker
auf der einen Seite die griechische Legende: *ΛΛΕΞΑΝ-*

ΔΡΟΥ ΒΑΣΙΛΕΩΣ „des Königs Alexander", auch der andere innerhalb eines Kreises von Kugeln um einen Stern die Spuren von Buchstaben, ob hebräische, ist bei dem schlechten Zustande, in welchem die Münzen auf uns gekommen sind, schwer zu entscheiden. Fabrik, Styl und verändertes Gewicht [1], machen es wahrscheinlich, dass sie nicht Alexander Jannäus angehören.

Mit grosser Bestimmtheit aber können wir dem Bruder des unglücklichen Alexander, Antigonus einzelne Bronzemünzen zuschreiben, welche er während der dreijährigen Herrschaft, zu der, wie wir oben gesehen, die Parther ihm verholfen hatten, geschlagen haben muss, vom Jahre 40—37 v. Chr.

Nr. 14.

Die rechte Seite dieser hier (nach de Saulcy pl. V, 1 [2]) mitgetheilten Münze hat die griechische Aufschrift: *ΒΑCΙΛΕΩC ΑΝΤΙΓΟΝΟΥ* „Des Königs Antigonus" rings um einen Lorbeerkranz.

---

[1] Vgl. Cavedoni II, S. 22. Anm. 14.

[2] Die linke Seite in unserm Abbilde ist nach der Verbesserun von de Vogüé (S. revue numismatique 1860, S. 281, Anm. 1). Hi zeigt sich ganz deutlich der Name מהתיה, wenn man von der Basi des Füllhorns beginnt, dann folgt ein ה und die Fortsetzung der In schrift zwischen den beiden Füllhörnern, wo כו נה sichtbar ist. De letzte Buchstabe ה gehört zu dem גדל, das auf andern Antigonus-Mün zen ganz deutlich ist (s. auch unsere Abbildung Nr. 15). Ueber dem Füllhorn können wir nur noch ידר entdecken, daher wohl unsere Ergänzung gerechtfertigt ist.

R̦: Zwei Füllhörner, die an ihren Enden verbunden sind, mit
der hebräischen Legende:

מתתיה הכה]ן הגדל וחבר ה[י]הרי[ם]

d. i. „Matthatia, der Hohepriester und die Genossenschaft der
Juden."

Dass dieses der Inhalt der hebräischen Inschrift sei, geht
aus der Gesammtheit der acht Exemplare hervor, welche in
dem genannten Münzwerk de Saulcy's abgebildet sind. Die
eine enthält den einen oder andern Buchstaben in grösserer
Deutlichkeit, als die andern, manche unter ihnen zeigen eine
ziemlich entartete Form. [1]) Wir lernen durch unsere Münzen
hier zum ersten Male Matthatia, als den jüdischen Namen des
Antigonus kennen, es ist derselbe, welchen der Ahnherr des
Hasmonäischen Geschlechts geführt hat. In Form und Styl
unterscheiden sich die Münzen des Antigonus von denen seiner Vorgänger ganz auffallend [2]), und Cavedoni [3]) erinnert ganz
recht an eine gewisse Aehnlichkeit, welche unsere Münzen
mit denen der parthischen und baktrischen Könige haben;
jene ist aber leicht erklärlich, wenn wir uns erinnern, dass
Antigonus durch Hülfe der Parther zur Herrschaft gelangt ist.

Neben dem doppelten Füllhorn haben einzelne Exemplare auch ein einfaches, um höchst wahrscheinlich die Hälfte
des Werthes anzudeuten [4]); die hebräische Inschrift eines solchen Exemplars mit einfachem Füllhorn, das wir hier nach de

---

[1]) So ist es denn gekommen, dass manche Gelehrte die Formen
verkannt, oder einzelnen die sonderbarsten Deutungen gegeben haben.
So liest z. B. Ewald die Schrift zwischen den Füllhörnern: הכה,
das soll nach der damaligen verdorbenen Landessprache aus הכן also!
entstanden sein, wie man dies Wort später noch in הי verkürzt hat.
Dies הכה also! soll aber so viel wie „richtig" sein, als Bezeichnung
der Richtigkeit des Gepräges und Gewichtes.

[2]) S. de Saulcy a. a. O. S. 110. — [3]) a. a. O. II, S. 25.

[4]) Dies wird durch das Gewicht bestätigt; die Münzen mit doppeltem Füllhorn wiegen nach de Saulcy (p. 111 f.) 14,2 gr. und
darunter, die mit einfachen: 7,7 gr. — 7 gr. Ein Stück von 10,7 gr.
scheint uns ein ¾ Stück zu sein.

Saulcy (V, 6) zur Verdeutlichung der oben angeführten Legende mittheilen,

Nr. 15.

enthält: . . . . . (וח?) כהן גדל [מ]תתיה כהן], d. h. „Matthatia, Hoherpriester" etc. Der Drang der Umstände macht es leicht erklärlich, dass die Antigonus-Münzen in minder sorgfältiger Form geprägt sind, als die einzelner seiner Vorgänger.

§. 7. Münzen der jüdischen Fürsten aus idumäischem Geschlecht.

A. Herodes I., der Grosse.

Die Metzeleien bei der Einnahme des Tempels durch den Römling Herodes und die Hinrichtung des Antigonus auf dessen Veranlassung waren nur das Vorspiel der Tragödie, welche mit der Thronbesteigung Herodes' zu spielen beginnt und mit dem völligen politischen Untergang des jüdischen Volkes schliesst. Hatten die makkabäischen Fürsten ihre dunkele Abkunft durch ihre heldenmüthigen Thaten mit Glanz umstrahlt, oder durch das Anschmiegen an das väterliche Gesetz sich ein dankbares Andenken in den Herzen ihrer Unterthanen errichtet, so wollte der Idumäer sich nicht die Liebe derselben gewinnen, sondern ihren Gehorsam durch Strenge erzwingen; jener konnte er entrathen, wenn ihm nur die Gunst der römischen Oberherrn nicht fehlte. Sie dauernd sich zu erhalten, dazu verhalfen ihm die vom Vater ererbten Gaben: List, Kriecherei und Klugheit, aber auch, wenn es galt, Tapferkeit, Geistesgegenwart und männliche Entschlossenheit. So war er während seiner ganzen Regierung ein blutiger Tyrann seiner Unterthanen und doch nur Sklave der Römer, ein jü-

discher Fürst mit unjüdischer, hellenistischer Gesinnung. Die
glänzenden Bauten in vielen syrischen Städten [1]) sind beredte
Zeugen dieser seiner Denkungsart, ja selbst der herrliche
Tempel, den er zu Jerusalem errichten liess, ist eher ein
Denkmal seiner Eitelkeit und Staatsklugheit, als seiner gottesfürchtigen Gesinnung. Seinem Streben nach unumschränkter
Herrschaft mussten sogleich nach dem Antritt seiner Regierung zwei altehrwürdige Einrichtungen den Platz räumen. Die
Mitglieder des Synhedrium's wurden hingerichtet und ihre Stellen mit seinen Creaturen besetzt; das Hohepriesterthum ent-
weihte er in den Augen des Volkes, indem er einen unwis-
senden Menschen als Hohenpriester einsetzte und die Spröss-
linge aus dem hasmonäischen Hause überging. Und, als er durch
die Umstände gedrängt, seinen Schwager Aristobul, den Bruder seiner Gemahlin Marianne zu dieser Würde erheben
musste, wurde dieser bald durch Meuchelmord beseitigt, weil
er in ihm, dem Liebling des Volkes, auch einen Nebenbuhler
der jüdischen Krone sah. Ihm folgten im Laufe der Zeit, als
mit seiner Tyrannei auch sein Misstrauen wuchs, der alte
achtzigjährige Hyrkan, den er aus Babylonien an seinen Hof
zu locken gewusst hatte, seine eigene Gemahlin Marianne,
deren Mutter Alexandra und Söhne Alexander und Aristobul,
neben vielen Andern aus dem Hause der Hasmonäer und
seinem eigenem Geschlechte. Während aber das Unglück ihn
im eigenen Hause verfolgte, schien ihm das Glück nach Aussen
hold; das seines bisherigen Freundes Antonius war bei Actium
(31) geschwunden, Octavianus vergrössert noch die Herrschaft
des Herodes und bleibt ihm bis zu seinem Tode gewogen.
Dafür hatte er aber auch dem „Gott-Kaiser" manchen präch-
tigen Tempel erbaut und den Hafen der neugegründeten Stadt
Caesarea nach ihm Sebastos (Augustus) benannt. Dass auch
der grossartige Tempelbau in Jerusalem dem Gotte Israels zu
Ehren nicht die Gemüther des Volkes, das seinem Ingrimm
durch Verschwörungen gegen den König schon früher Luft

---

[1]) Vgl. Josephus Antiq. 15, 9, 3. u. 5. das. 19, 7, 3. u. 17. 11, 2.

gemacht hatte, gewinnen konnte, zeigt der Volksaufstand
während der Krankheit des Herodes, kurz vor seinem Ende;
man riss den goldenen Adler, den er an den Tempel geheftet,
herab und zertrümmerte ihn; noch an andere den Juden an-
stössige Gebäude würde sich die Wuth des Volkes gewagt
haben, wenn nicht der König seine letzten Kräfte zusammen-
gerafft und den Aufruhr blutig unterdrückt hätte   Bald darauf
im Jahre 4 oder 5 v. Chr. erlöste ihn der Tod von seinen
leiblichen und seelischen Schmerzen und die Juden von ihrem
grausamen Henker.

Nach dem grossen Reichthum, den Herodes besass [1]), und
der Neigung seines Ehrgeizes, auch diesen zu zeigen, sollte man
eine sehr reiche Münzprägung unter seiner langjährigen Regierung erwarten; wenn dies aber nicht der Fall ist, so muss
man bedenken, dass das Ausmünzen des G o l d e s in allen
unter römischer Oberhoheit stehenden Ländern untersagt, das
des Silbers sehr beschränkt und nur ausnahmsweise gestattet
wurde. So hatte bereits Pompejus die Silberprägung mehreren phönizischen Münzstätten verboten, nur die Kupferprägung
war von den Römern den untergebenen Provinzen freigegeben [2]).
So sehen wir denn auch in Judäa seit der Eroberung Jerusalems durch Pompejus nur Kupferprägung, nur als die Juden
im Aufstande gegen die Römer waren, auch Silberprägung.
Sämmtliche Kupfermünzen, welche Herodes schlagen liess,
haben nur g r i e c h i s c h e Aufschriften, aber keine h e b r ä i-
s c h e, jedoch hielt ihn eine gewisse Achtung vor der religiösen Scheu der Juden, Abbilder von lebenden Wesen [3])

---

[1]) Joseph. Antiq. 16, 7, 1.

[2]) Vgl. Mommsen, Münzgeschichte, S. 36. u. 717.; s. auch dessen
Verfall des röm. Münzwesens (Abdruck a. d. Berichten der Verhandl.
der kön. sächs. Gesellsch. d. W. zu Leipzig 1851) S. 193 f. — Die
Kupfermünzen, wie derselbe Gelehrte nachweist, standen in einem
natürlichen Verhältniss zu dem römischen As und seinen drei Aus-
münzungen im Sestertius (oder *ηιράσσαροι*), dem Dupondius und
dem As.

[3]) Wir glauben daher auch mit Cavedoni a. a. O. II, 30 fg., dass

anzufertigen, ab, dergleichen Symbole auf den unter seiner
Herrschaft geprägten Münzen anzubringen, vielmehr stehen die
Typen in einem gewissen, wenn auch nicht leicht erkennba-
ren Zusammenhang mit den gottesdienstlichen Bräuchen, oder
mit gewissen idumäischen Familientraditionen, oder sie sind
endlich denen älterer hasmonäischer Münzen entlehnt. Dergleichen sind ein Altar mit Füssen und Untergestell, ein Gefäss mit
glockenartigem Deckel und Untersatz, Palmzweige, Schild, Helm
mit Busch und Sturmbändern, zwei Füllhörner mit Mohnkopf und Anker. Die griechische Aufschrift enthält vollständig,
oder abgekürzt: *BAΣIΛEΩΣ HPΩΔOY* „des Königs Herodes,“ zuweilen mit Angabe der Jahreszahl seiner Regierung.

Zwei der Münzen des Herodes mögen hier nach dem
Abbilde bei de Saulcy Platz finden. Die eine (vgl. das. VI,
1 u. 2.)

Nr. 16.

hat auf der rechten Seite das erwähnte Gefäss, mit einem
Stern oberhalb, und einen Zweig an jeder Seite [1]).

Rückseite: *BAΣIΛEΩΣ HPΩΔOY* „des Königs Herodes“ um einen dreifüssigen Altar, auf dem eine Vase sich befindet; daneben *L. Γ* (d. h. im Jahre 3, also entweder vom Jahre

---

die Münzen mit dem Bilde des Adlers, welche sich bei de Saulcy
pl. VI, 10—12. finden, eher dem Herodes von Chalcis, als Herodes
dem Grossen angehören, s. weiter unten.

[1]) Man hat früher das Bild auf dem Avers für einen Helm mit
Sturmbändern angesehen, dagegen macht Cavedoni, wie uns scheint,
nicht mit Unrecht geltend, dass der Ober- vom Untertheil getrennt
und die Sturmbänder nicht an rechter Stelle wären. Welches Gefäss
aber gemeint sei, oder welches Tempelgeräth mit ihm Aehnlichkeit
habe, weiss ich nicht anzugeben.

seiner Krönung 39 v. Chr. oder seines wirklichen Regierungs-
antrittes 37) und einem Monogramm ¹). Die andere (das. 3):

Nr. 17.

bietet uns den Typus der zwei an den Enden verbundenen Füllhörner mit dem Mohnkopf, welcher uns bereits durch frühere
Hasmonäermünzen (s. oben Nr. 8 u. ff.) bekannt ist; ebenso der
des Ankers (s. oben Nr. 11). Durch beide giebt sich der
Idumäer Herodes als legitimen Nachfolger der Hasmonäer, mit
denen er ohnehin durch seine Gattin Mariamne, Tochter der
Alexandra (der Tochter Hyrkans) und Alexanders, des Sohnes
Aristobuls II verwandt war, zu erkennen. Es ist auch möglich, dass der Anker auf seine Seemacht und seinen Hafen
bei Caesarea hinweise ²).

Noch andere Münzen des Herodes, was hier zur Vollständigkeit angeführt werden mag, haben einen macedonischen
Schild mit weitem Buckel (umbo), eingefasst von zwei Kreisen,
deren Zwischenraum durch Zacken ausgefüllt ist; auf der
andern Seite einen Helm mit Busch und Sturmbändern. Es mag
immerhin sein, dass Herodes durch diese Typen, welche sich
auch auf Münzen macedonischer Fürsten wieder finden, seine
Abstammung von diesen bezeichnen wollte (vgl. Cavedoni a.
a. O. II, S. 28.) Ferner führt Reichardt (a. a. O.) folgende
unedirte Münzen des Herodes an:

1) Kleiner Krug, mit Rundstab verziertem [Bauch, seit-
wärts ein Palmzweig.

---

¹) Dies ist das bekannte Henkelkreuz (crux ansata), das sich so
häufig auf ägyptischen und assyrischen Denkmälern findet, s. Cavedoni I, S. 56. Raoul Rochette: sur Hercule Assyrien p. 385. Dunker
a. a. O. I, 51. De Saulcy p. 128. nimmt das Monogramm = T R, als
Werthbezeichnung (Abkürzung von τριᾱ,), was wir zur Noth gelten
lassen, bis sich etwas Besseres findet.
²) S. Cavedoni II, S. 29 f.

℞. *BAΣIΛEΩ. ΠΡΩΔΟΥ* („König Herodes") mit einem Heroldsstab (Caduceus). Kupfernmünze.

2) Typus etwas undeutlich:

℞. ...... *ΩΣ ΗΡΩΔΟΥ* („König Herodes") mit der Vorderseite eines Schiffes nebst Verzierung (Acrostolium). Kupfermünze.

3) Eine Art Helm mit zwei Palmenzweigen an jeder Seite: ℞. *BAΣIΛEΩΣ. ΗΡΩΔΟΥ* („König Herodes") um einen Kranz geschrieben; inmitten das Monogramm ₽ Kupfermünze.

Diejenigen Münzen jedoch, welche einen stehenden Adler und ein Horn als Typus haben, und die de Saulcy Herodes dem Grossen zuschreibt, weil er der Ansicht ist, der König habe zum Trotze, weil man die Adler vom Tempel herabgerissen (s, oben S. 69.), dieses Symbol auf den Münzen gewählt, gehören, wie bereits früher angedeutet, eher dem König von Chalcis an, weil diese Beziehung nicht gerade sehr geeignet, und die Wahl eines lebenden Wesens in den Zeiten des Herodes allzu anstössig gegen des Volkes religiöse Ansichten gewesen zu sein scheint. Dass die Münzen in Jerusalem gefunden worden, was bei Kupfer allerdings sonst entscheidend für die Prägstätte ist, kann durch die obwaltenden Verhältnisse, dass die Juden von Chalcis nach Jerusalem wallfahrteten, leicht eine Erklärung finden [1]).

B. Herodes' Söhne, römische Statthalter und andere Fürsten aus dem Geschlechte der Herodäer.

Unter den Söhnen des Herodes wurde der älteste, Archelaus, von Augustus als Volksfürst (Ethnarch) ernannt und ihm Idumäa, Judäa und Samaria zugetheilt, die andere Hälfte des Reiches: Galiläa und Peräa erhielt Herodes Antipas und Trachonitis und Auranitis, nebst einigen daran gränzenden Ländern, der dritte Sohn Philipp. Die beiden letztgenannten Söhne führten den Titel: Tetrarch. Als aber Archelaus vie-

---

[1]) S. Cavedoni das. S. 30 f.

ler grausamer Handlungen, willkürlicher Eingriffe in die Besetzung des Hohenpriesterthums und Verletzung religiöser
Bräuche sich schuldig gemacht, wurde er auf die desshalb
bei dem Kaiser Augustus von den Juden geführten Klagen
nach Vienne in Gallien verbannt, sein Reich zur römischen Provinz Syrien geschlagen und von Statthaltern verwaltet (6 n.
Chr.). Ein Schein von Selbständigkeit war den Juden noch
geblieben, indem sie die Hohenpriester, deren Einsetzung freilich von den Römern abhing, an der Spitze ihres Heiligthums
sahen und dies als den Hort ihres Glaubens betrachteten.

Von Archelaus' Herrschaft besitzen wir noch Münzen, auf
welchen er sich nur Herodes, sich anschliessend an den berühmten Namen seines Vaters, und Ethnarch nennt. Die Bezeichnung dieser Würde ist aber das sicherste Merkmal, dass
nur Archelaus diese Münzen geschlagen haben könne, da kein
anderer Nachfolger des Herodes diese Würde bekleidet hatte.
Die Typen auf den Münzen des Archelaus sind zum Theil
ähnlich denen der Hasmonäer-Fürsten oder denen seines Vaters.

Nr. 18.

Rechts: *HRΩ[ΔOY]* „des Herodes" um einen Anker, von
einem Perlenkranz eingefasst.

Links: $\frac{E\Theta}{AN}$. (*EΘNAPXOY*) „Volksfürst" innerhalb eines
Eichenkranzes, mit einer Gemme verziert[1].

Wir haben schon früher den Anker als Symbol des Be-
sitzes von Häfen und Seeherrschaft kennen gelernt, und Archelaus war Herr von Joppe, Sebaste und Caesarea[2]. Noch
mehr weisen darauf hin andere Symbole auf den Münzen dieses Herrschers, wie z. B. der Vordertheil eines Schiffes, mit
einem Dreizack[3]:

---

[1] S. de Saulcy a. a. O. pl. VII. Nr. 1.
[2] Vgl. Joseph. Antiq. 17, 11, 4. — [3] S. de Saulcy pl. VII, Nr. 2.

Nr. 19.

Die andere Seite hat in einem Kranze den Titel: *EΘN.*
d. i. Ethnarchos.

Eine Hinweisung auf macedonische Abkunft, wie bereits
oben bei den Münzen Herodes des Grossen angedeutet
worden, scheint der umgekehrte Helm mit Federbusch [1]) und
Sturmbändern nebst einem kleinen Heroldsstab zu enthalten:

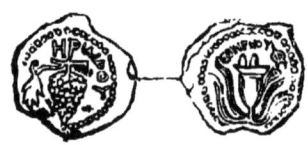

Nr. 20.

die andere Seite eine Traube, ist eine bei den Juden beliebte
Pflanze, deren Vorkommen noch auf Münzen späterer Zeit zu
berücksichtigen ist. Wir finden auf andern Münzen jenes Gewächs auch mit dem Namen Herodes umschrieben, während
die andere Seite nur einen Heroldsstab und die Inschrift Ethnarchos, enthält.

Sehen wir uns, ehe wir die Schicksale der zwei andern
Brüder des Archelaus weiter kennen lernen, zuvor nach dem
Lande um, welches dieser verwaltet hatte, und das nunmehr
seit dem Jahre 6 n. Chr. römischen Statthaltern untergeordnet
war! Es ist ganz natürlich, dass diese in ihren Gebietsthei-
len das Münzwesen, soweit es Silberprägung betraf, überwach-
ten, indem diese nach wie vor nicht gestattet war. Aber die
Kupferprägung verblieb der Landschaft. Dabei aber bietet sich
uns die ganz eigenthümliche Erscheinung, dass die während
der Verwaltung der Statthalter seit der Verbannung des Archelaus in Palästina geschlagenen Kupfer-Münzen, abweichend

---

[1]) Das. pl. VII. Nr. 8. Nach Cavedoni (a. a. O. II, S. 32.) soll die
umgekehrte Stellung des Helmes ein Hinweis auf die friedliche Regierung, welche Archelaus geführt hat, sein.

von der übrigen römischen Münzprägung, kein irgendwie das
religiöse Gefühl der Juden verletzendes Symbol, wie Bilder
der Kaiser oder sonst lebende Wesen aufzeigen; denn so
rücksichtslos die Prokuratoren in der Verwaltung ihrer Provinz
und lediglich auf ihre eigene Bereicherung zum grossen Theile
erpicht waren, so hatten sie doch in Bezug auf die Verab-
scheuung der Bildnisse lebender Wesen die todesmuthige
Opferwilligkeit der Juden kennen gelernt, um diese religiöse
Gesinnung zu schonen. Die Münzen haben daher in der Regel
das Abbild einer Pflanze und den Namen des regierenden römischen Kaisers nebst den Jahren seiner Herrschaft in griechischer Schrift; und da sie in Jerusalem gefunden worden,
und der Fundort, wie schon früher erwähnt, bei Kupfermünzen für die Herkunft entscheidend ist, so haben seit längerer
Zeit die Münzkenner diese Münzen als in Jerusalem geprägt
oder doch daselbst cursirend angesehen. Sie beginnen unter
der Regierung des Augustus, vom Jahre 6 nach Chr., nach
einer eigenthümlichen Aera zählend [1]), und schliessen mit dem
fünften Regierungsjahre Nero's (59 n. Chr.), wenigstens sind

[1]) Wir lassen über diesen schwierigen Punkt, über den die Münzkenner verschiedener Ansicht sind, einen competenten Richter (Mommsen, in seiner Münzgeschichte, S. 719. Anm. 190.) sprechen. „Wenn
die Jahreszahlen dieser Münzen, soweit sie unter Augustus geschlagen
sind, sich auf die actische Aera beziehen, so hat Cavedoni unzweifelhaft gegen de Saulcy dargethan, dass die früheste derselben vor die
Umwandlung Judaea's in eine römische Procuratorenprovinz fallen
würde. Allein jene Annahme ist willkürlich und unwahrscheinlich, da
das höchste auf diesen Münzen gefundene Augustusjahr 41 ist. Viel
eher möchte man an die römischen anni Augustorum oder vielmehr an die anni Augusti denken, die nach Censorinus (c. 21. vgl.
meine Chronol. S. 266.) vom 1. Jan. 727 an laufen und wo das Jahr
41 also mit 767 der St. 14 nach Chr., dem Todesjahre des Augustus,
zusammenfällt. Die niedrigste bis jetzt sicher gestellte Zahl ist 36=9
n. Chr., doch können auch die Ziffern 33. 34. 35. richtig sein, nicht
aber A und AA.“ Es ist daher wohl als sicher festzuhalten, dass vor
der Umwandlung Judaea's in eine römische Provinz die gedachte
Münzprägung nicht stattgefunden hat, da man sonst den Ethnarchen
in seiner Machtvollkommenheit gar sehr beschränkt hätte.

keine spätern Datums bisher gefunden worden. Nach der Eroberung Jerusalems kommen diese Art Münzen wieder zum Vorschein.

Die unter Augustus' Herrschaft geprägten Münzen der vorher gedachten Art, haben rechts die Aufschrift: KAI-CAPOC (oder dessen Verkürzung) d. i. Cäsar (Octavianus Augustus) neben einer gebogenen Aehre, oder innerhalb der Strahlen eines Sternes, oder endlich über einer Vase mit zwei Griffen; links eine fruchttragende Palme, oder Weinblatt mit einem Theil der Ranke, daneben Jahreszahlen die Aera angebend [1]

Andere Münzen haben die Aufschrift der Gemahlin des Kaisers Augustus und der Mutter seines Nachfolgers Tiberius, Livia oder, wie sie sich nach dem Tode Augustus' nannte, Julia. Dieser Name Julia steht innerhalb eines Kranzes, in einer oder zwei Zeilen, oder neben einer Traube nebst einem Theil der Ranke; die Rückseite hat entweder eine mit zwei Henkeln und einem Deckel versehene Urne, oder drei aus einem Stiele kommende Narcissus-Blumen, oder endlich zwei an den Enden verbundene Füllhörner mit Mohnkopf [2]. Daneben die Jahreszahl, nach der Regierungszeit des Tiberius gerechnet. Auch mit dem Namen ihres Sohnes Tiberius finden sich Münzen der Julia, jener (TIB. KAICAP) innerhalb eines Lorbeerkranzes, oder über einer Vase, oder auch neben einem heiligen Gefässe zum Theil mit der Bezeichnung verschiedener Jahre seiner Regierung; diese neben einem aufrecht stehenden Palmenzweig und Jahreszahl, oder neben einer

---

[1] Noch andere Münzen rechnet Cavedoni (a. a. O. II, 45.) hierher, welche ähnlich den unsrigen von den Münzkennern unter die Alexandriner gerechnet zu werden pflegen. Die Beweise des gelehrten Numismatikers für seine Ansicht sind wohl zu beachten, doch wird bei spätern Funden derartiger Münzen nach der Herkunft gefragt werden müssen, da diese hier das letztentscheidende Wort zu reden hat.

[2] Diese mit den gedachten Typen versehenen Münzen, welche de Saulcy dem Juda Aristobul zuschreibt, weist Cavedoni aus guten Gründen der Julia Augusta zu.

Lilie, oder auch um drei zusammengebundene Aehren, mit
ausführlicher Benennung (*IOΥΛΙΑ ΚΑΙΟΑΡΟΟ*) „Julia (Mutter) des Cäsar" (Tiberius).

Bei den mit dem alleinigen Namen dieses Kaisers bezeichneten Münzen sind verschiedene Symbole (Füllhörner, Blatt
mit Ranke, drei Aehren, ein zweihenkliger Becher, Stab
(Augurentab?) anzutreffen; ebenso auf denen seines Nachfolgers Claudius (v. 42 bis 54 n. Chr.), dessen Name mit dem
seiner Gemahlin, Julia Agrippina, sich findet, endlich auch auf
einer zur Ehre Nero's und Britannicus' geprägten Münze (jene
Namen sind um zwei Schilde und zwei kurze Lanzen geschrieben) und auf denen Nero's, vom Jahre 5 (d. i. 59 n. Chr.) [1].

Wir sind aber mit der Erwähnung dieser letzten Kaiser
Ereignissen vorausgeeilt, welche für die jüdische Geschichte
und die unserer Münzen nicht ohne Bedeutung geblieben sind.
Nochmals wird nämlich ganz Palästina unter das Scepter eines
jüdischen Fürsten, Herodes Agrippa I. gebracht, und sein
Auftreten wird ebenfalls verhängnissvoll für den Herrscher
von Galiläa und Peräa, für Herodes Antipas. Agrippa, der
Sohn des von Herodes getödteten Aristobul, des Sohnes der
dem Hause der Hasmonäer entstammenden Mariamne, hatte
seine Jugendzeit in Genuss und Schwelgerei, als Gesellschaf-
ter des Kronprinzen Drusus, dessen Gunst er sich durch sein
gewandtes Wesen gewonnen hatte, zugebracht. Er fand bei
diesem, nachdem er sein eigenes Vermögen vergeudet hatte,
stets offene Casse, gerieth dann aber nach dem Tode seines
Freundes in drückende Geldverlegenheit, aus der ihn seine
Schwester Herodias, die zweite Gemahlin des Herodes Antipas,
des Tetrarchen von Galiläa, befreite. Eine Zeit lang lebte er
am Hofe seines Schwagers, und von diesem gekränkt, wandte
er sich nach Syrien und von da nach manchen Abenteuern
nach Rom. Es glückte ihm hier die Gunst des Kaisers Ti-

---

[1] Wir glauben uns hier kürzer fassen zu können, weil diese
Münzen nur secundäres Interesse für uns haben. Ausführlich ist
darüber gesprochen von de Saulcy: revue numismatique 1853 und in
numismatique judaïque p. 135 f., ferner von Cavedoni a. a. O. II. S. 39 f.

berius sich zu erwerben, sowie die seines Grossneffen Cajus
Caligula, des künftigen Thronfolgers. Durch unvorsichtiges
Benehmen verscherzte er sich die Gnade des ersteren und
wurde in's Gefängniss geworfen, in welchem er ein halbes
Jahr schmachtete, bis zum Tode des Kaisers (37 n. Chr.), um
zu hoher Gnade bei dessen Nachfolger Caligula zu gelangen.
Dieser ernannte ihn alsbald zum König des seit dem Jahre
36 n. Chr. Rom zugefallenen Fürstenthums Philipp's, noch
grössere Gnadenbezeugungen ihm vorbehaltend. Diese Erhebung erregte besonders den Neid seiner Schwester Herodias,
welche ihren Gatten bestürmte ebenfalls in Rom den Königstitel sich zu erbitten. Dies kam Agrippa sehr ungelegen und
ohnehin einen Groll seinem Schwager nachtragend, wusste er
ihn bei dem Kaiser so anzuschwärzen, dass dieser ihn, anstatt den Königstitel ihm zu verleihen, in die Verbannung
nach Lyon schickte und sein Fürstenthum dem Agrippa schenkte
(38 n. Chr.) Die Juden Galiläa's und Peräa's waren mit diesem Wechsel sehr wohl zufrieden, weil Herodes Antipas durch
Verletzungen der jüdischen Satzungen und durch seine Tyrannei sich sehr verhasst gemacht, während Agrippa, wenn er
auch den weltlichen Sinn der Herodianer nicht verläugnete,
doch durch Schonung und Begünstigung des Judenthums sich
beliebt zu machen suchte. Auch hatte er durch die Gunst des
Kaisers oft Gelegenheit für seine Glaubensbrüder hilfreich
aufzutreten, so besonders als Caligula die tolle Grille hegte,
sich göttlich verehren und zu diesem Zwecke seine Bildsäule
in allen Tempeln und so auch in dem zu Jerusalem aufstellen
zu lassen. Die Fürsprache Agrippa's für die sich weigernden
Juden hatte nur für kurze Zeit geholfen, als zum Glück der
Dolch des Cassius Chacrea dem Leben und den unsinnigen
Verordnungen des Caligula ein Ende machte. Der Kaiser
Claudius, zu dessen Erhebung zum römischen Herrscher der
gerade in Rom anwesende Agrippa nicht unwesentlich mitge-
wirkt hatte, vergrösserte noch sein Besitzthum durch Judäa
und Samarien und erhob ihn zur consularischen Würde. So
war ganz Palästina wieder unter einem Scepter vereinigt, ja

das Reich des Agrippa war von noch grösserer Ausdehnung, als das seines Grossvaters Herodes, indem die Landschaft Abilene am Libanon zu dem Besitzthum Agrippa's geschlagen wurde. Sein Bruder und Schwiegersohn Herodes II. wurde König von Chalcis. Hatte die leichtsinnig verlebte Jugend Agrippa's zu geringen Erwartungen auf eine gute Regierung berechtigt, so machte der durch seine trüben Schicksale gereifte Mann alle Vorausberechnungen zu Schanden. Die vier Jahre seiner Regierung waren in der That eine glückliche Zeit für die Juden. Der neue König war bald ganz volksthümlich geworden durch seinen Anschluss an die Sitten und religiösen Satzungen der Juden, so dass die jüdischen Quellen von seinem Lobe überfliessen; man sah es ihm daher auch nach, wenn er, wie sein Ahn Herodes, eine grosse Baulust zeigte, die auch den benachbarten Heiden zu Gute kam, indem er Theater und Amphitheater ihnen erbaute, Ring- und Kampfspiele einrichtete und selbst an diesen Gefallen fand. Bei einem solchen Schauspiele in Cäsarea überraschte ihn plötzlich der Tod (44 n. Chr.). Sein einziger 17jähriger Sohn Agrippa II. wurde, angeblich wegen seiner Jugend, nicht sein Nachfolger und erst im J. 49 nach dem Tode seines Oheims Herodes II. zum König von Chalcis ernannt, und ihm die Aufsicht über den Tempel und dessen Schatz übertragen, ein Amt, welches bisher jener bekleidet hatte. Von Neuem wurden Statthalter in Palästina eingesetzt, die an Schlechtigkeit womöglich noch die früheren übertrafen. Der letzte derselben Gessius Florus hatte es geflissentlich darauf angelegt, die Juden zur Empörung zu reizen, ein Plan, der ihm nur zu sehr glückte und unsägliches Leid über das Land brachte, wie wir im nächstfolgenden Abschnitte des Weiteren sehen werden.

Aus dem Zeitraum, dessen wichtigste Ereignisse wir hier in Kürze geschildert haben, soweit sie unsere Münzgeschichte berühren, sind uns von den Herrschern aus dem Hause des Herodes verschiedene Münzen überkommen, die noch sämmtlich, insofern sie in Judäa oder Galiläa und für Juden geprägt worden sind, kein Abbild eines lebenden Wesens und

nur die Symbole haben, welche keinen Anstoss bei den Be-
kennern des einzigen Gottes erregten.

Von dem Sohne Herodes' des Grossen, von dem Tetrarchen Herodes Antipas, in seiner Hauptstadt Tiberias geprägt,
rühren die Münzen her [1]), welche seinen Namen in griechischer Schrift (*HPΩΔOY TETPAPXOY* oder *HPΩΔHC
TETPAPXHC* oder abgekürzt) nebst einer Pflanze, oder
einem Palmen- oder Akazien-Zweige, zuweilen auch mit der
Jahreszahl versehen, auf der einen Seite haben, auf der andern den Namen der Stadt Tiberias (*TIBEPIAC*) oder mit
dem des Kaisers Caligula (*ΓAIΩI KAICAPI ΓEPMA-
NIKΩI*). Diese letztern haben die Jahreszahl 43 (*MΓ*)
(= 39 n. Chr.)[2]), also zu einer Zeit, wo er von jenem Fürsten, zu dessen Ehren die Münze geprägt ist, sich noch Gna-
denspenden versprechen durfte, der ihn aber, wie wir gesehen haben, aus Freundschaft für Agrippa in's Exil schickte.

Von diesem Fürsten besitzen wir, abgesehen von andern
mit profanen Typen versehenen [3]), die wir bei diesem, sowie
bei den andern Herodäern in der Regel übergangen haben,
eine in Jerusalem sehr häufig gefundene und daher hier höchst
wahrscheinlich geprägte Kupfermünze:

Nr. 21.

<hr />

[1]) Vgl. Eckhel a. a. O. S. 484.; Mionnet a. a. O. V, S. 566. und
Cavedoni I, S. 58 f. und II, 34.

[2]) Diese Münze ist nicht ohne Bedeutung, um das Todesjahr des
Herodes und Geburtsjahr Jesus' zu bestimmen. Ist Herodes 4 v. Chr.
gestorben und ihm sein Sohn Herodes Antipas unmittelbar in Galiläa
gefolgt, so konnte er auf der oben angeführten Münze das Jahr 43
seiner Regierung prägen, ehe er vom Kaiser verbannt wurde.

[3]) S. Eckhel a. a. O. S. 491 f. und Mionnet a. a. O. V, S. 522.
und 567. und VIII, S. 364. Auf einer Münze von Anthedon, einer
Stadt, die ihm einst Schutz vor der Verfolgung seiner Gläubiger

Rechts: *BACIΛEΩC AΓPIΠΠA* „König Agrippa" rings um einen Schirm mit Franzen versehen.

Links: drei Aehren aus einem Stiel hervorgehend und von der Jahreszahl L. S (Jahr VI) [1]) eingefasst.

Die Münze ist zu einer Zeit geprägt, als Aprippa sich auf dem Gipfel seines Ruhmes befand, zur Zeit, als er zuerst in Jerusalem, als Freund des Kaisers und als Herrscher von ganz Palästina einzog. Ob der Schirm ein Zeichen seiner Würde bedeuten soll, wie wir dies schon in alten Zeiten bei Grossen und Fürsten des Orients finden, müssen wir dahin gestellt sein lassen, ebenso ob die drei Aehren im Revers ein Hinweis auf die Brode, welche am Schebuoth-Feste dargebracht wurden, sein möchten. Andere Münzkenner haben den Schirm gar als Tabernakel, in Bezug auf jenes Fest angesehen und damit den Typus des Reverses in Verbindung gebracht; wir wissen aber gar keine materielle Aehnlichkeit mit dem Tabernakel zu fin-

---

gewährt halte, nennt er sich „König Agrippa", auch „grosser König Agrippa"; sie sind vom Jahre 5. und 2. Die von Cäsarea (Philippi) führt das Bild des Claudius, und auf andern nennt sich Agrippa *φιλο-κλαύδιος* und *φιλοκαίσαρ* (Klaudiusfreund, Kaisersfreund).

[1]) Man will zwar auch andere Jahreszahlen ausser dem Jahre 6 auf diesen Münzen gefunden haben und selbst aus dem Jahre 9, daher man sich genöthigt sah diese Münzen dem Sohne des Agrippa zuzuschreiben; allein diese Zahlen sind unsicher, da man das griechische Vau, wo es nicht ganz deutlich war, oft verlesen hatte. Es wäre auch in der That auffallend, wenn der mächtige König in Jerusalem gar keine Münzen geprägt hätte. Die Münzen vom Jahre 6 aber dem Agrippa I. desshalb abzusprechen, weil er sich nicht „Grosskönig" auf denselben benannte, ist kein genügender Grund, da einerseits sein Anschmiegen an jüdische Volksthümlichkeit ihn wohl abgehalten, einen so hochtrabenden, den Juden fremdklingenden Titel sich beizulegen, andrerseits er auch auf ausser-jerusalemitischen Prägstätten sich einfach „König" genannt hat. — Durch freundliche Mittheilung des Herrn L. Müller, Inspectors des Münzcabinets zu Kopenhagen, wird mir die Nachricht, dass auch die dortige Sammlung kein Stück des Agrippa besitzt, das eine höhere Zahl als 6 hat. Aehnliches berichtet Cavedoni (a. a. O. II, S. 36. Anm. 22.) von den Münzcabineten in Wien und Berlin.

den, so wenig wie die Rückseite ein klares Symbol des genannten Festes sein sollte.

Von dem Sohne des Agrippa, des Königs von Chalcis,
rühren die Münzen her, welche seinen vollen Namen enthalten: *BACIΛEOC* (statt . . . . *ΩC*) *MAPKOY AΓPIΠΠOY*,
„des Königs Marcus Agrippa“, mit einer Hand, welche zwei
Aehren und zwei Mohnköpfe hält; auf der andern: *ETOYC.*
AI. TOY. Kα „im Jahre 11, das auch das 6. ist.“ Der
Typus der Hand mit den Aehren und Mohnköpfen mag eine
Andeutung [1]) auf die vielleicht durch Agrippa's Vermittlung
hergestellte regelmässige Entrichtung der Zehnten sein, welche
Anordnung durch ihn am besten geschehen konnte, da er,
wie oben bereits erzählt, die Oberaufsicht über den Tempel
führte.   Die Jahreszahl 11 auf dem Revers ist das der Regierung Agrippa's, entsprechend dem 6. des Kaisers Nero, also
60 n. Chr. [2]).

Endlich sind noch zur Vollständigkeit diejenigen Münzen
erwähnenswerth, welche de Saulcy (a. a. O. p. 131.) Herodes dem Grossen zuschreibt, die aber mit Cavedoni höchst
wahrscheinlich dem Oheim Agrippa II. und Bruder Agrippa I.,
Herodes II., König von Chalcis und unter Claudius' Herrschaft
Tempelaufseher, beizulegen sind.   Sie haben rechts den Namen
(*HPOΔ. . . . BACIΛ. . . . .*) „König Herodes“ zu beiden Seiten eines Horus; links: einen stehenden Adler.   Schwerlich
durfte Herodes der Grosse ein solches Symbol, das einzige
Beispiel auf jüdischen Münzen von einem Abbilde lebender
Wesen, gebrauchen, eher wäre dies dem Könige von Chalcis
nachzusehen, und man scheute sich auch wohl nicht, solches
Geld von den Wallfahrern aus diesem Lande anzunehmen,
was den Fundort (Jerusalem) erklären mag. [3])

---

[1]) Cavedoni a. a. O. II, S.39 fg. Vgl. Josephus Antiqu. 20, 8, 8.
das. 9, 2.

[2]) Eine andere Münze (ein Chalkus) aus dem Jahre 73 n. Chr.,
welche Cavedoni (a. a. O. I, S. 63. II, S. 39.) ebenfalls Agrippa II.
zuschreibt, scheint uns nicht ganz mit Sicherheit diesem zugetheilt.

[3]) S. Cavedoni a. a. O. II, 30. Derselbe Gelehrte will das **Horn**

Von dem dritten Sohn des Herodes, Philipp, besitzen wir
gar keine specifisch jüdische Münzen; da er seinen Wohn-
sitz weit von der Hauptstadt hatte, so entschlug er sich auch
jeglicher Rücksichtnahme auf die religiösen Bräuche der
Juden, und seine Münzen haben daher ganz und gar profanes
Gepräge. Sie tragen das lorbeerbekränzte Bild des Kaisers
Augustus mit seinem Namen auf der einen und das eines
viersäuligen Tempels, mit der Inschrift „des Tetrarchen Philipp"
versehen, auf der andern Seite. [1]

§. 8. Münzprägung während des ersten Auf-
standes der Juden.

Schon unter den früheren Statthaltern hatte sich die Unzufriedenheit der Juden mit ihren Zwingherren, deren grösserer Theil freigelassene Sklaven und Günstlinge der entarteten
Kaiser und deren Weiber waren, in manchen Aufständen für
kurze Zeit Luft gemacht. Diese wurden jedoch immer schnell
unterdrückt, die Statthalter mässigten zeitweilig ihre Habsucht
und Grausamkeit, so dass die eifrigen Patrioten oder Zeloten
(wie man sie gewöhnlich von Josephus, dem jüdischen Geschichtschreiber jener Ereignisse, mit einem griechischen Worte
benannt findet), von der grösseren Mehrzahl der Gemässigten
niedergehalten, aus Furcht vor der Macht der Römer sich
fügten und auf gelegenere Zeit ihre Bestrebungen nach Unabhängigkeit verschoben. Als jedoch der obengenannte Statthalter Gessius Florus geflissentlich den Aufruhr schürte, um

auf unsern Münzen dahin deuten, dass es auf das Recht des Herodes
anspiele, die Hohenpriester einzusetzen, welche bekanntlich mit heiligem Salböl, das in einem Horne bewahrt wurde, gesalbt wurden. Ein
Horn war übrigens auch ein häufig gebrauchtes Geräth zur Aufbewahrung des Geldes. Dreizehn solcher Hörner waren, nach der Mischna
(Schekalim 6, 1.) im Heiligthum, davon einige zur Aufbewahrung der
Sekel (das. 6, 5.). Auch sonst wird das Horn in gleicher Eigenschaft
erwähnt, vgl. Gittin 60 b. und Erubin 33 a. Möglicherweise ist auch
auf unserer Münze eine solche Bedeutung zu finden.

[1] S. Eckhel a. a. O. p. 490. und Mionnet a. a. O. V, S. 567.

in der offenen Empörung der Juden einen Entschuldigungs-
grund für seine bisherige Härte und Grausamkeit finden zu
können, so griff dieser bald um sich, besonders als das Waffen-
glück die Empörer begünstigte und es ihnen gelungen war,
das zu ihrer Bekämpfung abgeschickte Heer unter dem syrischen Statthalter Gallus fast gänzlich aufzureiben und Jerusalem aus der Gewalt der Heiden zu befreien (October des Jahres
66 n. Chr.). Schon bei diesen ersten Kämpfen hatte sich
besonders der Priester Eleasar, Sohn Simon's, durch sein
energisches Auftreten unter den Zeloten eine grosse Geltung
verschafft, und diese wuchs, als er mit reicher Beute beladen,
von der Verfolgung der Römer nach Jerusalem zurückkam.
Obgleich die gemässigtere Partei ihn fürchtete, „weil man ein
herrschsüchtiges Wesen an ihm bemerkte und die ihm ergebenen Zeloten sich wie seine Trabanten benahmen, so berückte
die Geldnoth und Eleasar's Zauberkunst das Volk, so dass
es ihm als obersten Gebieter Gehorsam leistete" [1]. Während
also im Innern Jerusalem's jener Eleasar wider den Willen
der Gemässigten, unter denen Simon, Sohn Gamliel's, das
Synhedrial-Oberhaupt und der Priester Hanan, Sohn Hanan's,
eine hervorragende Stelle unter der Verwaltungsbehörde ein-
nahmen, die Seele der Empörung war, wurden in den Provinzen zum grossen Theil aus jenen Feldherren und Verwalter
gewählt, und unter diesen für Galiläa der schon früher gedachte
Josephus (mit dem Zunamen Flavius, welchen er sich später
zulegte) Sohn Mathias'. Er führte mit grosser Umsicht und
Energie sein höchst schwieriges Amt, das ihm ein gewandter
und schlauer Nebenbuhler, Johannes von Gischala, der seiner
Redlichkeit mit der Sache des Vaterlandes, vielleicht nicht mit
Unrecht, misstraute, nur noch mehr erschwerte. Auf die Hal-
tung dieser wichtigen Provinz kam in der That sehr viel an,
sie hatte zuerst den Stoss des grossen römischen Heeres, das
Nero unter dem kriegskundigen Vespasian und dessen Sohn
Titus zur Dämpfung des Aufstandes sandte, auszuhalten. Jo-

---

[1] Josephus, jüd. Krieg, 2, 20, 3.

sephus versäumte Nichts, was Galiläa in geeigneten Vertheidi-
gungszustand setzen konnte, und machte es den Römern sehr
sauer, diese Provinz, besonders die Stadt Jotapata, den Schlüs-
sel derselben, zu erobern. Bei der Einnahme dieser Stadt
wurde auch Josephus gefangen genommen, oder liess sich
vielmehr gefangen nehmen, im Juli 67, und ihr folgte der Fall
der ganzen Provinz mit der Einnahme von Gischala, das der
früher genannte Johannes, Josephus' Gegner inne hatte. Diesem
war es geglückt durch List zu entkommen und nach Jerusalem
zu gelangen. Hier herrschte inzwischen grosse Uneinigkeit
unter den Parteien und ihren Führern, die auch viel dazu
beitrug den Fall der galiläischen Städte, trotz der heldenmüthigen Vertheidigung ihrer Bewohner, herbeizuführen. Die
Flüchtlinge aus diesen Städten brachten die Erbitterung gegen
die vorsichtige, gemässigte Partei mit sich und schürten das
Feuer noch mehr an, das längst in den Herzen der grossen
Masse gegen die Begüterten und Vornehmen, welche noch
immer an Vermittlung mit den Römern, in Voraussicht eines
gewissen Unterganges, dachten und welche bis zum Spätjahre
des Jahres 67 noch die wichtigsten Kriegsposten bekleideten,
ja sogar manche lästige Eiferer, wie den heldenmüthigen, aber
grausamen Simon Sohn Giora's, welcher sich bei der Besiegung
der Römer unter Gallus ausgezeichnet hatte, aus Jerusalem
vertrieben. Dafür hauste dieser mit seinen raub- und mord-
lustigen Banden in Akrabatene und, nachdem man vergebens
zu seiner Bekämpfung ein Heer abgeschickt hatte, in Idumäa
in Gemeinschaft mit den Sicariern [1]) (סקריך und סיקרין im

---

[1]) Von dem lateinischen Worte sicarii so genannt, weil sie den
Dolch (sica) in so geschickter Weise zu handhaben verstanden, dass man
selten sie bei der Ausübung ihres schändlichen Handwerks betreffen
konnte. Schon in der ersten Zeit, als Palästina unter römischen Statthaltern stand, tauchen sie auf und setzten ihr Gewerbe ungestört fort
und mit um so grösserem Erfolge, als selbst die Statthalter sich ihrer
zu ihren habsüchtigen Zwecken bedienten. „Sie mordeten", erzählt
Josephus (jüd. Krieg 2, 13, 3.) „am hellen Tage inmitten der Stadt,
mischen sich besonders an Festen unter die Menge und erstachen mit

Thalmud), welche gleich zu Anfang des Krieges die Festung
Masada besetzt hatten. Zur Zeit nun, als die Gefahr von
aussen immer drohender wurde, als Vespasian im folgenden
Frühjahr gegen Süden vorrückte, und Eleasar und seine Genossen im Besitz des Tempels immer mehr Anhang beim
Volke fanden, machten die Gemässigten unter dem Vortritt des
würdigen Hohenpriesters Anan und des gelehrten und geach-
teten Josua ben Gamla den Versuch, die Zeloten im Tempel
anzugreifen und auf denselben zu beschränken, indem sie ihn
belagert hielten. Unter diesen beiden kämpfenden Parteien
suchte Johannes von Gischala den Vermittler zu spielen, neigte
sich aber bald den Zeloten zu und verschaffte ihnen die Hülfe
der tapfern, aber blutdürstigen Idumäer. Mit diesen im Verein
wurden die Gemässigten überwunden, ihre Führer gemordet,
und die unbestrittene Herrschaft der Zeloten in Jerusalem und
mit dieser eine Volksherrschaft und in ihrem Gefolge eine
wahre Schreckensherrschaft begründet. Alle Lauen und Unent-
schiedenen wurden als Vaterlandsverräther angesehen und als
solche behandelt, die Auswanderung war streng überwacht, und
Raub und Mord an der Tagesordnung. Die eingeschüchterten
Bürger ermannten sich noch einmal und drängten die Zeloten
und Johannes mit seinen Galiläern zurück, so dass sie wiederum auf den Tempel sich beschränkt sahen. Doch miss-
traueten die Belagerer ihren Kräften und aus Furcht vor einem
verzweifelten Ausfall der Zeloten, rief man Simon ben Giora
mit seinen tapfern Genossen herbei. Dieser hatte, während
die Zwietracht in Jerusalem andauerte, auf eigne Faust ein
ansehnliches Heer um sich versammelt, das immer mehr an-
schwoll, je mehr die Kämpfe im Innern der Hauptstadt ihm
Unzufriedene zuführten. Mit diesem ihm, dem begeisterten

---

kleinen Dolchen, welche sie unter ihre Kleider versteckten, ihre Feinde.
Fielen diese nieder, so nahmen die Mörder an den Aeusserungen des
Unwillens Theil, und man konnte sie wegen ihres unbefangenen Be-
nehmens nicht entdecken." Vgl. auch das. 20, 8, 5., wo berichtet wird,
dass der Hohepriester Jonathan auf Anstiften des Felix unter den Händen dieser Mörder fiel.

Volksführer, blindlings ergebenen Heere hatte er sowohl die
Idumäer, als auch die aus Jerusalem abgeschickten Heere besiegt und Hebron erobert, so dass er jene erstere Stadt gewissermaassen belagert hielt. Als nun aber, wie erwähnt,
die Herrschaft Eleasar's und Johannes' dem Volke unerträglich
geworden, glaubte man von zweien Uebeln das kleinere zu
wählen, wenn man noch „einen Tyrannen als Schutzherrn
einführte". Und so „gewährte denn Simon die Gnade, ihr
Herr zu sein" und zog im dritten Jahre des Krieges, im
Monat April 69, in Jerusalem ein [1]). Nun begann erst recht
der Bürgerkrieg und währte unaufhörlich mit gleicher Erbitterung, zwischen Simon und Johannes, welchem sich Eleasar
später angeschlossen hatte, fort, bis die Römer vor den Tho-
ren Jerusalems standen. Diese, die innern Parteikämpfe nur
allzusehr ihren Zwecken dienlich erachtend, rückten nach
Eroberung Galiläa's nicht alsobald gegen die Hauptstadt, sondern brachten das Jahr 68 mit der Eroberung Pereas zu, und
als Vespasian nun endlich gegen Jerusalem heranrücken wollte,
erfuhr er den Tod Nero's (Juli 68) und die Nachfolge Galba's.
Ehe noch seine Gesandten den neuen Kaiser begrüssen konnten, war dieser bereits ermordet (Januar 69), der Gegenkaiser
Otho entleibte sich bald darauf, und als dann die germanischen
Legionen den Vitellius als Kaiser erhoben, riefen die syrischen
ihren Feldherrn Vespasian zu derselben Würde aus. Unter
solchen schwankenden Verhältnissen fand es Vespasian nicht
gerathen den Krieg gegen die Juden mit Eifer fortzusetzen,
weil er nicht neue Lorbeeren für den künftigen Kaiser zu
pflücken gedachte; erst als er (Mitte des Jahres 69) selbst
Herrscher Rom's zu werden entschlossen war, überliess er die
weitere Fortsetzung des Krieges seinem Sohne Titus. Dieser
begann im Frühjahr des Jahres 70 mit grösster Thatkraft die
Belagerung der Stadt fortzusetzen, welche die Juden, im Angesichte so drohender Gefahr endlich zu gemeinsamem Kampfe
geeinigt, mit bewundernswürdigem Heldenmuthe vertheidigten.

---

[1]) Josephus, jüd. Krieg. 4, 9, 11 fg.

Der Ausgang dieses denkwürdigen Krieges ist bekannt, die
Stadt und der Tempel wurden eine Beute der Flammen
(August 70); Simon und Johannes neben vielen Tausenden
gefangen, ersterer enthauptet und letzterer zu lebenslänglichem
Kerker verurtheilt. Die politische Selbständigkeit der Juden
war vernichtet.

Es leuchtet nun wohl nach der kurzen Skizze der merkwürdigen Ereignisse, welche wir hier vorgeführt haben, leicht
ein, dass in den vier Jahren, während welcher Jerusalem
ganz und gar den Händen der Römer entrissen war, die ehernen Denkmäler, welche uns schon oft Kunde von den Schick-
salen der Juden gegeben haben, nicht fehlen werden. Und
so ist es auch in der That. Glückliche Funde der Neuzeit
auf dem Boden der heiligen Stadt haben uns in den Stand
gesetzt, die Vermuthung von dem Vorhandensein der Revolutionsmünzen aus dem grossen Kampfe der Juden gegen die
Römer zur Gewissheit zu erheben.

Beide Hauptführer der aufständischen Juden, Eleasar und
Simon, und wahrscheinlich auch der regierende Ausschuss
oder doch deren Häupter haben Münzen prägen lassen, welche
nach längerer Unterbrechung wiederum in althebräischer Schrift
das Gedächtniss des Volks an die frühere Erhebung der Makkabäer auffrischen; sie nennen bloss den Führer und das Jahr
der Befreiung, in der Regel gerechnet von der Zeit der Vertreibung der Römer aus Jerusalem im Sommer des Jahres
66 n. Chr.

A. Eleasar-Münzen [1].

Eleasar der Sohn Simon's aus priesterlichem Geschlechte,
war, wie wir vorher gesehen haben, in den ersten Jahren der
Erhebung der Führer der volksthümlichen Partei, und das

---

[1] Die Kenntniss dieser Münzen verdanken wir dem Grafen de
Vogüé (s. revue numismatique 1860. p. 260 fg.), einem Manne, der
sich auch sonst schon um das semitische Alterthum verdient gemacht hat.

Haupt der Zeloten. Er hat sowohl kupferne, als silberne Münzen mit seinem Namen geprägt. Diese haben rings um eine kleine Vase mit Rundstab verziertem Bauch, nebst Palmenzweig die Inschrift:

Rechts: [1] אלעזר הכותן „der Priester Eleasar". Auf der linken Seite rings um eine Traube:

שנת אחת לגאלה ישר[אל] „das erste Jahr der Erlösung Israels":

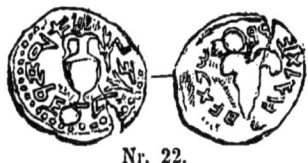

Nr. 22.

Ein anderes Exemplar, das bereits durch de Saulcy (a. a. O. pl. XII, 7) veröffentlicht worden, und das wir zur Vervollständigung der Inschrift auf dem ersteren hier mittheilen,

Nr. 23.

war ohne Hülfe des neuen Fundes nicht gut lesbar, aber beide Inschriften zusammengehalten, lassen nicht den geringsten Zweifel an der Richtigkeit der Lesung. Die eine Seite giebt die Inschrift: אלעזר הכוה „der Priester. Eleasar", die andere, statt der Jahreszahl wie in Nr. 22, den Namen שמעון „Simon" [2].

---

[1] Auffallend ist in diesem Worte das Waw, da auf den früheren Münzen dasselbe fehlt. Für eine spätere Zeit, wie die des Aufstandes unter Titus mag diese Schreibart schon zu entschuldigen sein. Auf den Kupfermünzen (s. weiterhin) ist das Wort übrigens ohne Waw geschrieben.

[2] Sowohl de Saulcy, wie de Vogüé halten dies Exemplar für ein gefälschtes, das nach einem ächten angefertigt worden. Der Fälscher, meint der letztere Gelehrte, habe die beiden Seiten nach zwei verschiedenen Münzen, nach einer Eleasar's und nach einer Simon's

Die Vase mit Rundstab verziertem Bauch nebst Palmenzweig
erinnert uns an eine Münze des Königs Herodes, welche Reichhardt zuerst veröffentlicht hat (s. oben S. 71.) und scheint
es demnach, als habe Eleasar diesen gewiss an einen heiligen Brauch erinnernden Typus wieder aufgenommen, wenn
nicht anders schon Herodes einen solchen aus den Zeiten der
Hasmonäer vorgefunden [1]). Die eben mitgetheilten Silbermünzen geben aber auch Aufschluss über die räthselhaften Kupfermünzen, deren Aufschriften man bisher nach einem geheimen
Alphabeth abgefasst geglaubt hatte:

Nr· 24.

Die rechte Seite enthält gleichfalls den Namen „Eleasar,
der Priester" in zwei Reihen, aber rückwärts in folgender
Weise:

רועלא

והכה

zwischen dem Stamme eines fruchttragenden Palmenbaumes,
die linke Seite hat um eine Traube die Zeitangabe: שנת אחת
לגאלת יש[ראל] „das erste Jahr der Befreiung Israels" [2]).

gemacht, indem er von der einen die Vorder-, von der andern die Rückseite genommen. Es ist jedoch immerhin möglich, dass eine Münze
mit dem Namen Eleasar auf der einen und dem Simon's auf der andern Seite existirt habe, und zwar zu einer Zeit geprägt, wo beide
Führer Frieden unter einander hielten und gemeinsam Münzen prägten,
und nach dieser mag denn die unsrige gefälscht worden sein.

1) S. weiter unten Anhang I. b.

2) Andere Exemplare dieser Kupfermünze bei de Saulcy (a. a. O.
pl. XIII, 7.) und bei Bayer (a. a. O. p. 65. pl. I. Nr. 4. und 5.) haben
die einzelnen Buchstaben des Avers in ganz confuser Reihenfolge, ein
Umstand, der nicht wenig dazu beigetragen hat, die abenteuerlichsten
Versuche zur Entzifferung der Legende zu machen.

Das Silberstück Eleasars vom ersten Jahre sollte offenbar die Stelle des römischen Denars vertreten, und wenn das Gewicht des hier mitgetheilten Stückes (= 2,40 gr.) dasselbe nicht erreicht, so ist der Grund, dass es abgenutzt und durchlöchert ist. Neben diesem Denar (oder wenn man will Drachme) könnte aber Eleasar im ersten Jahr und im folgenden auch Tetradrachmen oder Sekel geschlagen haben [1]), wenn man es nicht vorzieht, was uns wahrscheinlicher erscheint, diese Münzen der obersten Behörde zur Zeit des Aufstandes (dem Synhedrium) zuzuschreiben. Diese haben [2]):

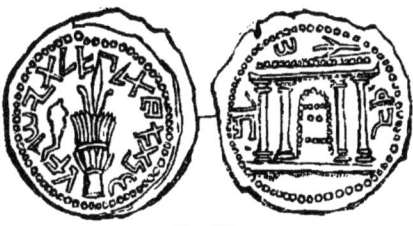

Nr. 25.

rings um einen Tempel von vier Säulen: ירושלם „Jerusalem‟ und links um einen Lulab und eine Cedernfrucht: שנה אחת לגאלה ישראל „das erste Jahr der Befreiung Israels‟. — Die vom zweiten Jahre sind in den Typen denen vom ersten fast ganz gleich, nur dass die Inschrift der Rückseite lautet: ש״ב לחר ישראל d. h. „das zweite Jahr der Befreiung (חר verkürzt aus חרות) Israels‟ [3]). Erinnern also diese Münzen durch ihre Aufschrift „der Erlösung Israels‟ oder „der Freiheit Israels‟ und durch die Typen des Lulab und der Cedernfrucht an jene Münzen, welche als Denkmal der Erhebung unter den Makkabäern uns bereits bekannt sind (s. oben S. 44.),

---

[1]) Die weitere Rechtfertigung dieser, sowie anderer Angaben in der Anordnung unserer Münzen, siehe weiter unten Anhang I. a.

[2]) S. de Saulcy a. a. O. pl. XI. Nr. 1.

[3]) S. das. Nr. 3., jedoch ist die Abbildung nicht ganz treu, und die Legende muss nach der Berichtigung von de Vogüé (a. a. O. S. 287. Anm. 1.) gelesen werden. Wir haben dieselbe in dieser Weise oben angegeben.

so sind sie doch durch Fabrik, Gewicht[1]) und theilweise die
Schrift[2]) von ihnen zu verschieden, als dass man sie, wie früher
oft geschehen, dem Makkabäerfürsten Simon beilegen könnte.
Auch das Bild des Tempels ist nicht unpassend für Münzen,
welche Eleasar, der Befehlshaber des Heiligthums, als welchen wir ihn durch die geschichtlichen Nachrichten kennen
gelernt haben, geschlagen hat. Ueberhaupt ist der Tempel
ein passendes Symbol dieser Zeit, als das letzte Palladium,
um das man sich schaarte, und findet mithin auch sein
Abbild eine Erklärung, wenn diese Vierdrachmenstücke von
der obersten Behörde ausgegangen sein sollten. Andere Münzen, welche auf der einen Seite „das erste Jahr der Befreiung
Israels" um eine mehrsaitige Lyra, auf der andern einen aufrecht stehenden Palmenzweig haben, können wir nicht Eleasar
zuschreiben aus dem unten anmerkungsweise angegebenen
Grunde[3]).

---

[1]) Vgl. weiter unten Anhang I. d. Die Fabrik dieser Münzen,
soweit wir darüber urtheilen können, scheint auch jünger als die der
Sekel Simon's.

[2]) S. Anhang I. c. weiter unten. Aus dieser allein würde sich
freilich kein sicheres Urtheil bilden lassen, wenn nicht noch andere
Momente hinzukommen.

[3]) Die von de Saulcy (a. a. O. pl. XI. Nr. 2.) mitgetheilte Kupfermünze des kaiserlichen Münzcabinets zu Paris ist sehr abgenutzt, die
Inschrift links um die Lyra ist, wenn auch nicht ganz correct, doch
im Ganzen deutlich, es ist nur noch vorhanden: גאלת ישראל . . . und
wahrscheinlich שנת אחת zu ergänzen, die Inschrift der andern Seite
ist aber ganz verwischt. Das Gewicht ist 11,60 Gramm. Eine kleinere
Bronzemünze mit denselben Typen, aber gut erhalten, im Besitze von de
Vogüé (s. rev. num. a. a. O. p. 288.) hat die genannte Inschrift vollständig,
das Gewicht ist = 10,80 Gr. Zur rechten Seite aber שמעון נשיא ישראל
„Simon Fürst Israel's". Da nun diese Bronzemünze der von de Saulcy
gleich ist an Typen, so schliesst Herr de Vogüé, dass auch sie die
Legende „Simon Fürst Israel's" auf der rechten Seite hat. Wenn dieser Schluss richtig ist, so müssen wir die erwähnte Münze bei de
Saulcy (pl. XI, 2.) zu den weiter unten anzuführenden Syhedrialmün-
zen rechnen.

B. Simon-Münzen.

Mit ganz gleichen oder doch ähnlichen Typen, wie die der Münzen Eleasar's hat auch der andere Hauptführer der aufständischen Juden Simon ben Giora Geld geprägt.

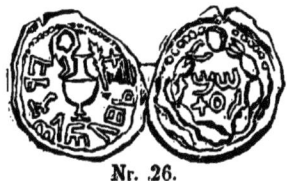

Nr. 26.

Die rechte Seite dieser Silbermünze hat innerhalb eines Kranzes: שמעון [1] „Simon", die linke לחרות ירושלם „der Befreiung Jerusalem's", um einen Krug und Palmenzweig.

Auch aus dem zweiten Jahre — die vorangegangene ist ohne Datum, und werden wir weiter unten versuchen, ob ein solches sich finden lässt — haben wir mit denselben Typen der linken Seite, während die rechte statt des Kranzes eine Traube hat, (also mit ganz denselben Typen, wie die oben Nr. 22 mitgetheilte Eleasar-Münze) eine Simon's-Münze, welche de Saulcy (a. a. O. XIV, 5) mittheilt:

---

[1]) Eigentlich ist dies Wort שמעון geschrieben; dergleichen Versetzungen in den Buchstaben sind aber auf den Münzen Simon's häufig. Auf den 5 Münzen gleicher Art, welche de Saulcy a. a. O. pl. XII, 3—7 mittheilt, ist auf zweien שמעון, auf zwei andern שמעון und auf der fünften nur noch מע zu erkennen. Der genannte Gelehrte bemerkt ausserdem über diese Münzen: „Drei dieser Münzen, allesammt aus Jerusalem kommend, sind offenbar mit vieler Kunst nach einem alten Exemplar gefälscht; alle drei haben an derselben Stelle ein Loch, und bieten dieselben Spuren einer Legende, welche sich also: ISV. IASASIAN darstellt, und worin sich die Spuren des Namens Vespasianus erkennen lassen. Das Original ist also auf einen Denar von Vespasian überprägt. Villapandus (Appar. Urb. t. III. p. 381.) hat diese Silbermünze veröffentlicht und nach ihm Bayer (a. a. O. p. 29. Anm. 38.)." Unsere Münze (Nr. 26.) hat aber keine Spur von Ueberprägung und wir werden daher keinen Anstand nehmen (die ausführliche Begründung, s. unten Anhang I, a.) sie Simon Giora zuzuschreiben, während die überprägten Stücke wahrscheinlich von Ben-Kosiba herrühren.

Nr. 27.

Rechts, שמעון „Simon", links: ש״ב לחר[יה] ישראל (für ישראל wie Cavedoni, a. a. O. II, 59, Nr. 17 wirklich hat) „im zweiten Jahre der Befreiung Israels". Diese Silbermünze diente offenbar anstatt eines römischen Denars, das Gewicht (3, 20 Gr.), stimmt recht gut. Ob aber diese, wie noch andere Simons-Münzen in Jerusalem geprägt worden, da dieser Führer, wie wir oben gesehen haben, erst im dritten Jahre in die Hauptstadt einzog, werden wir weiterhin, wo wir von der Anordnung unserer Münze sprechen werden (Anhang 1, a) noch näher erläutern.

Noch näher an die Simon's-Münzen ohne Datum (Nr. 26.) schliesst sich eine andere Silbermünze vom Jahre 2, welche Reichhardt (a. a. O.) unter Nr. 3. mittheilt:

„ישא׳ לחר׳ ש״ב im zweiten Jahre der Befreiung Israel's; kleiner Krug und Palmenzweig.

R. שמע Simon, innerhalb eines Lorbeerkranzes."

Auch Tetradrachmen (Sekel) mit Simon's Namen versehen, obwohl ohne Datum:

Nr. 28 b.   Nr. 29 a.

besitzt das kaiserliche Münzkabinet zu Paris (s. de Saulcy a. a. O. pl. XI, 4. und XIV, 4.), und stimmen die Typen voll-

---

1) S. weiter unten Anhang 1, d.

kommen mit denen der Tetradrachmen, welche wir Eleasar oder der obersten Behörde zuschrieben, überein, nur dass ein Stern oberhalb des Tempels in unsern Münzen sich findet. Im Gewichte stimmen sie fast ganz überein [1]). Die Inschrift um den Tempel ist auf beiden hier mitgetheilten Exemplaren שמעון „Simon", die um den Lulab mit der Cedernfrucht Nr. 28 a. לחרות ירושלם „der Freiheit Jerusalem's"; von Nr. 28 b.: ש"ב לדר[יה]ל]ישראל „das zweite Jahr der Befreiung Israel's.

Endlich sind auch Kupfermünzen mit fruchttragendem Dattelbaum und Traube, auf andern statt dieser ein Weinblatt, wie diese Figur zeigt:

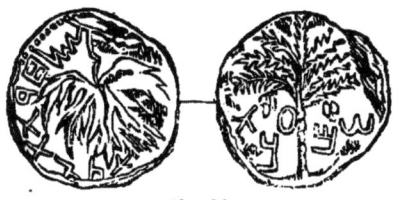

Nr. 29.

erstere ganz so, wie wir sie von Eleasar oben Nr. 24. kennen gelernt haben, auch von Simon vorhanden.

Nr. 29 a.

Rechts: שמעון „Simon", links: [לכ]לחרות ירש „der Befreiung Jerusalem's".

Andere Münzen mit denselben Typen, wie Nr. 29., haben die Aufschrift ש"ב להר' ישראל „das zweite Jahr der Befreiung Israels" auf der einen und den Namen שמעון „Simon" auf der andern Seite (siehe bei de Saulcy pl. XIV, 6 fg.).

Als Variante zu der beschriebenen Münze 29 a ist eine

---

[1]) Nr. 28 a. = 13,75 Gr. und Nr. 28 b = 13,85 Gr.

andere ähnliche Kupfermünze von Reichhardt (a. a. O. 1), welche er „Simon Bar-Kokâb" zuschreibt anzuführen:

.... לחרות ירוש der Befreiung Jerusalems, Weintraube.

ירושלם Jerusalem in zwei Zeilen; Dattelpalme Fundort Bethar, 1¾ Stunden südlich von Jerusalem"

Der letzten topographischen Bestimmung, Bethar südlich von Jerusalem zu suchen, können wir nicht beistimmen (s. weiter unten), vielmehr dürfte gerade der Fundort für das Terrain, wo Simon Giora anfangs seine Wirksamkeit hatte, sprechen, wenn auch von „Jerusalem's Befreiung" die Aera für seine Münzprägung anhebt. Uebrigens ist uns die Aufschrift verdächtig und dürfte sie doch wohl von einem Fälscher aufgetragen sein. Ebendasselbe möchten wir auch von einer Silbermünze (Nr. 2.) desselben Gelehrten glauben. Dieselbe hat nach einer Beschreibung:

„ש״א לחר ישראל das erste Jahr der Freiheit Israels, Lyra von 3 Saiten.

ש׳ יש.... שנת אחת לג das erste Jahr der Erlösung Israels. Weintraube."

Die Gründe des Verdachts liegen nahe genug, die Fälschung scheint nach zwei verschiedenen Exemplaren vorgenommen worden zu sein, wenn anders die Inschrift des Averses überhaupt vorhanden war. Sie scheint uns geradezu erdichtet zu sein.

Mit diesen hier mitgetheilten Münzen Eleasars und Simons aus der Zeit des Aufstandes der Juden gegen die Römer, glauben wir keineswegs die Münzprägueg jener Zeit erschöpft zu haben, wir werden vielmehr noch eine Nachlese in dem folgenden Abschnitte, welcher die Erhebung von Ben-Kosiba (oder Bar-Kochba) behandeln wird, auch für Simon Giora's Zeit aus später zu entwickelnden Gründen zu halten haben. An dieser Stelle haben wir uns begnügt, diejenigen Münzen zusammen zu stellen, welche in den Typen bei den beiden Führern des Aufstandes übereinstimmen.

C. Münzen von Simon Nasi und der obersten Behörde.

Diejenigen Münzen, welche den vollen Titel: S i m o n N e s i
I s r a e l als Aufschrift haben, glauben wir dem Synhedrial-Oberhaupt Simon ben Gamliel, dessen hohes Ansehen während des
Aufstandes vielfach bezeugt wird, und der seiner Stellung gemäss
den Titel Nasi geführt hat, zuschreiben zu müssen (s. das
Nähere weiter unten Anhang I, S. 123 fg.). Denn es ist nicht
gut denkbar, dass die höchste Behörde, die provisorische Regierung, oder das Synhedrium, das doch die grösste Machtvollkommenheit besass, nach Vertreibung der Römer aus Jerusalem nicht von dem Recht der Münzprägung Gebrauch gemacht
hätte. Derartige Münzen sind nach unserer Ansicht die mit
dem Namen des Synhedrial-Präsidenten (Nasi) bezeichneten,
und zwar aus den zwei ersten Jahren des Aufstandes. Nur
Kupfermünzen sind uns von Simon dem Nasi bekannt geworden, und wenn die (silbernen) vier Drachmenstücke nicht aus
derselben Quelle stammen sollten, so mag der Senat Israels
hierin dem römischen nachgeahmt haben, der sich auch die
Kupferprägung vorbehielt.

Merkwürdig durch ihre Grösse ist eine Bronzemünze,
welche nach einem Exemplare des kaiserlichen pariser Münzcabinets hier wiedergegeben ist:

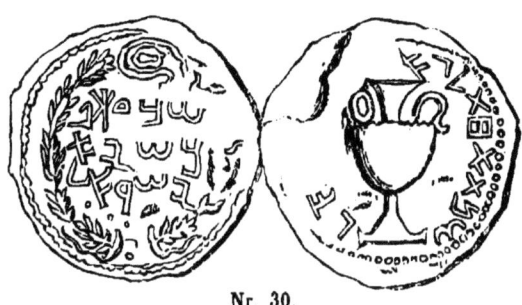

Nr. 30.

Rechts: innerhalb eines mit einer Gemme verzierten Lorbeerkranzes in drei Reihen die Inschrift:

שמעון
נשיא
ישראל

„Simon, Fürst Israels".

Links: um eine Vase mit zwei Henkeln:

שנת אחת לנאׄלה ישראל

„das erste Jahr der Befreiung Israel's."

Aber auch mit den bekannten Typen des fruchttragenden Palmbaumes und des Weinblattes, welche wir von Simon Giora und Eleasar besitzen, sind auch Münzen von „Simon Nesi Israel" vorhanden (vgl. de Saulcy pl. XIV, 2):

Nr. 31.

Die Inschrift auf der einen Seite ist also vertheilt:

שמ עון
[נ]ש יא
יש ראל

„Simon, Fürst Israels". Die andere Seite hat:

[ש]נת אחת לנאלח ישראל „das erste Jahr der Erlösung Israels".

Auch vom zweiten Jahr bei unveränderten Typen und unveränderter Aufschrift zur rechten Seite sind Simons- (des Fürsten) Münzen vorhanden. Vergl. de Saulcy a. a. O. pl. XIV, 1, wir geben nur die linke Seite mit der Aufschrift:

Nr. 32.

ש"ב לחרות ישראל „das zweite Jahr der Befreiung Israels"[1]),
Den Typen nach gehört auch in diese Zeit eine Münze,
welche de Saulcy zuerst, aber ohne alle Erklärung und ohne
irgend einen Versuch zur Entzifferung mitgetheilt hat (s. a. a.
O. pl. XIV, 6). Sie mag auch hier einen Platz finden:

Nr. 33.

Die eine Seite hat ganz deutlich; שנת אחת לגאלת ישראל
„das erste Jahr der Erlösung Israels", die andere aber zeigt
nur noch einzelne Buchstaben, zweimal Cheth, ein Nun, La-
med und vielleicht ein Jod. Sollte dieselbe dem andern Haupt-
leiter der Regierung חנן בן חנן „Hanan Sohn Hanan's (grie-
chisch: Ἄνανος), von dessen Thaten Josephus uns Ausführ-
liches mittheilt (jüd. Krieg 2, 20, 3. 4, 3, 9 fg. 4, 4, 3. 4,
5, 2), angehören? Wir müssen uns mit der blossen Vermuthung begnügen, bis ein gut erhaltenes Exemplar uns Aufschluss giebt.

Mag es sich nun mit dieser Münze verhalten, wie ihm
wolle, so möchten wir doch die Ansicht der Erwägung anheim
geben, ob nicht vielleicht die anonymen Sekel (Tetradrachmen),
welche wir in zweifelhafter Weise von Eleasar geprägt (s. oben
S. 91.) anfgeführt haben, der obersten Behörde in Jerusalem
zuzuschreiben sind; wir werden weiter unten (Anhang I, a,
Classification) unsere Gründe für diese Annahme des Weitern
entwickeln. Eben derselben obersten Behörde gehören wahrscheinlich auch jene kleinen häufigen Kupfermünzen, vom Jahre
2 und 3 der Befreiung:

---

[1]) Zu derselben Klasse von Münzen ist auch die oben besprochene
(S. 92. Anm. 3.) von de Vogüé zuerst bekannt gemachte mit der Lyra
(Gewicht = 10,80) zu rechnen.

7 *

Nr. 34.

Rechts: שנה שתים „das zweite Jahr", ein Gefäss mit zwei
Henkeln, mit Verzierungen an dem bauchigen Theile.

Links: חרו[ת] ציון „Befreiung Zion's" ringsum ein Weinblatt.
Ebenso lautet die Aufschrift auf der Münze:

Nr. 35.

auch die Typen sind dieselben, nur die andere Seite hat שנה
שלש „das dritte Jahr" um eine Vase, welche mit einem Deckel
versehen ist. Die meisten Münzkenner kommen in der Bestimmung dieser Münzen, als zur Zeit des Aufstandes unter
Nero geschlagen, überein. [1]) Vom Jahre Ein und Vier ist
bis jetzt noch keine der Art gefunden worden, am häufigsten
sind die vom Jahre zwei; für das erste Jahr mögen die andern Kupfermünzen genügt haben, und im vierten Jahre hat
vielleicht der Drang der Zeit eine Münzprägung nicht mehr
gestattet, da die oberste Behörde längst gestürzt war. Jedenfalls zeugt der Fundort Jerusalem, wo die Münzen aus den
zwei mittleren Jahren des Aufstandes so sehr häufig angetroffen werden, dass sie auch an dieser Stätte geprägt wurden. [2])

---

[1]) de Saulcy hat schon darauf aufmerksam gemacht, dass diese
Münzen mit denen Nero's in Jerusalem geprägten vom Jahre V den
Typen und dem Gewicht nach (vgl. Cavedoni II.S.54.Anm.31.) übereinstimmen. Wir können nach dem Vorhergehenden eher auf die jüdischen Münzen des neronischen Aufstandes aufmerksam machen.

[2]) Auffallend ist die Aufschrift ציון „Zion", abweichend von den
übrigen Münzen des neronischen Aufstandes. Jenes findet sich nur

§. 9. Münzprägung während des zweiten Aufstandes der Juden unter Ben-Kosiba.

Der gewaltige Volksaufstand der Juden, dessen Ende eigentlich erst mit dem Fall der Festung Masada im Jahre 73 n. Chr. anzusetzen ist, muss einen so mächtigen und nachhaltigen Eindruck auf die römischen Machthaber ausgeübt haben, dass man, trotzdem ein ehernes Denkmal „Judäa besiegt und erobert" unter dem Bilde eines trauernden Weibes nennt [1]), das unterworfene Land und die Reste seiner Bewohner argwöhnisch bewachen liess, gehässige Gesetze und lästige Steuern ihnen auferlegte. Eine verhältnissmässig ansehnliche Zahl Juden war in Samarien, das während des letzten Krieges nicht so wie die übrigen Provinzen gelitten hatte, ansässig und, von dem Kaiser Vespasian begünstigt, gelangte Mittelpalästina in einigen Jahrzehenden zu einer gedeihlichen Blüthe. Dasselbe gilt auch von mehreren Küstenstädten und dem Reiche des Agrippa. Der nördliche und südliche Theil aber, besonders Jerusalem und seine Umgebung lag in Trümmern, und die gebeugten Juden richteten sich nur an ihrer Lehre, die ein neues Asyl in Jamnia schon während der Belagerung Jerusalem's durch Johanan ben Saccai gefunden, auf, und in dieser Lehre durch die Hoffnung auf Erlösung durch einen Messias. Dieserhalb fanden bereits unter Domitian, dem Bruder des Titus, harte Verfolgungen statt, und wenn auch die folgenden Kaiser milder gegen die Juden verfuhren, so war doch der Hass gegen Rom so tief gewurzelt, dass unter Trajan, als dieser gegen die Parther zu Felde zog

---

auf den Münzen Simon's, des Hasmonäer's, doch nicht mit הרוה verbunden, das wiederum denen des ersten Aufstandes eigenthümlich ist.

[1]) Es ist dies die bekannte Münze, welche Titus nach dem Fall Jerusalem's schlagen liess mit der Inschrift „Judaea capta" oder „devicta", ein trauerndes Weib neben einem Siegeszeichen (tropaeum) und eines Gefangenen neben einer Palme. (Vgl. Eckhel a. a. O. VI, p. 326.)

und man von diesen sich Hülfe versprach, von Neuem ein
Aufstand ausbrach (116—117 n. Chr.); zunächst in den Gegenden, wo die Juden zahlreich waren, von Cyrene (Nordafrika)
aus, bis nach Aegypten, Cypern und Kleinasien hin. Mit eben
der rasenden Wuth, mit welcher die Juden über ihre wirklichen oder vermeintlichen Feinde hergefallen, mit eben derselben wurde der Aufruhr unterdrückt und gerächt. Drückende,
die Juden zur Verzweiflung bringende Gesetze, wie das Verbot der Beschneidung und des Studiums des Gesetzes wurden
erlassen, und Jerusalem, das letzte Palladium der messianischen
Erwartungen, sollte zu einer heidnischen Stadt umgewandelt
werden. Noch ein Schimmer von Hoffnung liess indessen der
Kaiser Hadrian, der im Jahre 117 den Thron bestieg, bei seiner Anwesenheit in Palästina (130 n. Chr.) den Juden werden,
indem er einzelne drückende Gesetze zu mildern und den Tempel zu Jerusalem wieder zu erbauen versprach; als diese
Verheissungen sich jedoch nicht erfüllten, brach im Jahre 132
der im Stillen durch den berühmten Lehrer Akiba ben Joseph
vorbereitete Aufstand aus. Es war ein Kampf auf Leben und
Tod, den die Juden nochmals mit den Römern eingingen. An
ihrer Spitze stand ein tapferer Führer, Ben-Kosiba [1]) (oder wie
man ihn auch wohl nach seiner messianischen Rolle, welche
er spielte, nannte: Bar-Kochba, „Sohn des Sternes", anspie-
lend auf die biblische Weissagung (1 M. 24, 17) „es wird
ein Stern aufgehen in Jacob"), dessen Ansehn und Macht
durch Anerkennung Akiba's in dem Grade wuchs, dass er
sich bald von einem zahlreichen Heereshaufen umgeben und
im Stande sah, 985 Dörfer, 50 feste Plätze, vielleicht auch
Jerusalem [2]), zu erobern und die Römer in mehreren Treffen

---

[1]) So nennen ihn stets die thalmudischen Quellen; dass er Simon
geheissen, wird nirgends gemeldet und ist eine Vermuthung, welche
sich lediglich auf die bald zu beschreibenden Münzen stützt.

[2]) Die thalmudischen Quellen schweigen von einer Eroberung
Jerusalem's, sowie die bessern ältern Quellen, nur Appian Syriaca c.
50. und Hieronymus zu Daniel 9, 27. und Ezech. 24, 14. erwähnen
diese Thatsache. Die Münzen (s. weiter unten) vermögen nicht einmal

zu schlagen. Da schickte der Kaiser seinen besten Feldherrn
Julius Severus aus Britannien nach Palästina; diesem vorsich-
tigen Führer gelang es einen Platz nach dem andern den Juden zu entreissen, Judäa zu erobern und den Krieg nach Samarien, dessen Bewohner diesmal mit gleicher Begeisterung
für die Judäer, für die Sache der Freiheit kämpften, hinüber
zu spielen. Hier hielt sich die unterhalb Caesarea nicht weit
vom Meere gelegene Festung Bethar[1] am längsten, bis auch
sie, und bei ihrer Einnahme Ben-Kosiba fiel (135.) Dieselben Scenen grausamer, blutiger Rache wiederholen sich nun,
wie zur Zeit des Titus; die Erbitterung der Römer, deren
Verlust bedeutend gewesen war, kannte keine Gränzen und
ihre Wuth liess sich besonders an den Lehrern und ihren
Jüngern, die man als die Anstifter betrachtete, aus, so dass
viele derselben unter grausamen Martern starben, unter ihnen
auch Akiba, mit den Worten: „Höre Israel, der Herr ist unser Gott, der Herr ist einzig“. Doch alle Strenge römischer
Gesetze vermochte nicht den Glauben an diesen heiligen Gott
aus den Herzen der Juden zu reissen, und wo man jenes
Glaubensbekenntniss, das Akiba und andere Glaubenshelden
mit dem letzten Athemzuge bekräftigten, aussprach, war ein
neues Jerusalem und ein Tempel in den Herzen der weithin
Zerstreuten geweiht, der nicht in Trümmer fallen konnte und
ewige Dauer versprach. Die Juden haben als politisches Volk
seit Hadrian vollends zu existiren aufgehört, um als Glaubens-
volk neu gekräftigt fortzudauern.

So waren denn vier Jahre froher Hoffnung auf Erlösung
den Juden des 2. Jahrhunderts entschwunden, wie ihren Vorfahren, sechs Decennien früher, und so wie diese in ihren
Münzen sich ein Denkmal ihres Ringens und Strebens gesetzt

---

die Besetzung Jerusalem's in der ersten Zeit mit Sicherheit zu
bezeugen.

[1]) Die Lage dieser Stadt in der Nähe Caesarea's und dem Meere
wird durch thalmudische und andere Quellen bezeugt. So findet
sich Bethar auch auf der neuen Kiepert'schen Karte verzeichnet. Vgl.
auch Tobler: dritte Wanderung nach Palästina im Jahre 1857.

haben, ebenso auch ihre Enkel. Viele von diesen hatten
wohl selbst in frühester Kindheit jene denkwürdige Zeit noch
erlebt, oder doch aus den Schilderungen der Zeitgenossen und
durch die Vorträge ihrer Lehrer kennen gelernt, so dass die
Zerstörung Jerusalems und die Folgen dieses Ereignisses stets
lebendig in dem Gedächtnisse der Mitlebenden des Ben-Kosiba
blieb; die Helden des ruhmwürdigen Kampfes, deren Werth
die unter harten Gesetzen der Römer seufzenden Juden nur
als opferwillige That, nicht nach den sie erzielenden Mitteln
würdigten, besonders der wilde, unbeugsame Simon Giora,
erstand auf in ihrem neuen Messias Ben-Kosiba. Was Wunder, wenn dieser die Münzen der heidnischen Kaiser, deren
Bild den Juden aus zwiefachen Ursachen verhasst sein musste,
mit den Worten der früheren Vaterlandskämpfer und dem Namen ihres Führers überprägte, was um so treffender geschehen
konnte, wenn der neue Führer Ben-Kosiba selbst den Namen
Simon geführt haben sollte [1]. So sehen wir denn das Silber-
und Kupfergeld, das in den Zeiten des ersten Aufstandes cursirte von Neuem in denen des zweiten aufleben, neben althebräischer Schrift lateinische Reste der ursprünglichen Münze,
neben den neuen Typen, noch die Spuren des Kaiserbildes.
Wir lernen längst Bekanntes in neuem Gewande kennen. So er-

---

[1] Der Beweis, dass Ben-Kosiba diesen Namen geführt habe,
beruht lediglich, wie bereits oben erwähnt, auf dem Zeugniss unserer Münzen, ebenso zum Theil, dass er Jerusalem erobert habe, neben
dem des Hieronymus und Appian. Es bleibt mithin noch immer die
Möglichkeit übrig, dass Ben-Kosiba sich ganz und gar des Stempels
Simon Giora's bedient habe. Auch die Eroberung Jerusalem's durch
Ben-Kosiba erhält keine ganz feste Stütze durch unsere Denkmäler,
da er „der Befreiung Jerusalem's" von den früheren Münzen copirt
haben konnte. Da indessen für die Einnahme Jerusalem's durch Ben-
Kosiba, wenn auch der Besitz dieser Stadt nur kurze Zeit gedauert
haben sollte, nicht ganz zu verachtende geschichtliche Zeugnisse vorliegen, so könnte man die Aufschriften der Münzen immerhin auf ein
historisches Factum beziehen, wenn nicht das Stillschweigen anderer
zu bedeutsam wäre und jene Aufschriften auch sonst ihre Erklärun-
gen fänden. (S. weiter unten Anhang I. a. S. 122.)

innern wir unsere Leser an die obenbeschriebene Münze Simon's
mit dem Kruge und Palmenzweige (s. oben Nr. 26. S. 93.);
eben solche Münze, gefälscht nach einem alten Exemplar (s.
de Saulcy a. a. O. p. 163 und oben S. 93. Anm.), finden wir
mit den Spuren des Kaisernamens Vespasian, es ist also ein
Denar dieses Kaisers zur Zeit Ben-Kosiba's mit den beliebten
Typen und der althebräischen Schrift überprägt worden:

Nr. 36.

Die Münze zeigt rechts den Namen Simon's (שמען für שמעון)
in einem Kranze, mit den Spuren ISV. IASASIAN (Vespasianus?) am untern Rande; links: Krug und Palme mit der
Inschrift: לחרות ירושלם „der Befreiung Jerusalem's".

Jedoch lässt sich hier noch immer die Möglichkeit,
wenn auch nicht Wahrscheinlichkeit statuiren, dass Simon
Giora selbst diese Münze in der letzten Zeit des Aufstandes[1]
umgeprägt habe. Unzweifelhaft aber fallen in die Zeit Ben-
Kosiba's andere Münzen, von denen ähnliche auch wohl Simon
Giora geprägt haben mag, die aber in ihrem gegenwärtigen Zustande von jenem überprägt worden sind, weil sie
noch Spuren des Bildes von Titus, Domitianus[2] oder Trajanus
und deren Umschrift tragen. Der Art ist z. B. (de Saulcy a.
a. O. pl. XII, 2):

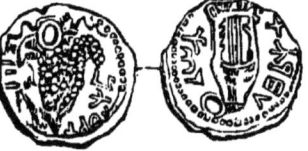

Nr. 37.

---

[1]) Dieselbe entfernte Möglichkeit könnte von einem überprägten
Denare Galba's mit Lyra und Weintraube geltend gemacht werden
(s. Cavedoni a. a. O. I. S. 24. Note 14. und II. S. 57. Nr. 7 b.).

[2]) S. Cavedoni a. a. O. II. S. 75.; vgl. auch S. 57. Nr. 7 b.

Rechts: שמע[ון] „Simon", um eine Weintraube; links um
eine Lyra [ם]לשו[ר] לחרות „der Befreiung Jerusalem's", unter
der Weintraube aber finden sich die Spuren des Namens Trajan's: *OPTI[MO] P[RINCIPI]* [1]) *T[RAIANO]*. Noch nachlässiger ist ein Denar Trajans mit denselben Typen umgeprägt,
da er auf beiden Seiten noch deutlich die lateinische Inschrift
dieses Kaisers zeigt. Wir fügen die Abbildung hinzu nach
Cavedoni (a. a. O. I, 5):

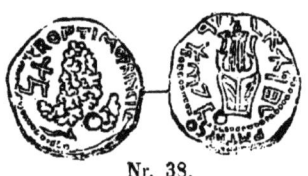

Nr. 38.

Von diesen Münzen, so wie von den bald anzuführenden,
giebt es auch Exemplare, welche die Spuren der Ueberprägung nicht an sich tragen, und die mithin ursprünglich Simon
Giora angehört haben können, vgl. oben S. 96. eine, wie uns
scheint, gefälschte Münze mit denselben Typen und verschiedener Aufschrift, durch Reichhardt mitgetheilt a. a. O. Nr. 2.

Ferner ist folgende Münze (vgl. de Saulcy a. a. O. pl. XI, 7),
ein Denar Hadrian's von Bar-Kosiba umgeprägt:

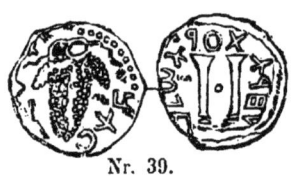

Nr. 39.

Rechts: um eine Weintraube [שמ]עון „Simon", über derselben die Spuren des Namen Trajan's (TR); links: um zwei
neben einander stehenden Trompeten, in deren Mitte eine
kleine Kugel ist: לחרות [·]רושלם „der Befreiung Jerusalem's".

---

[1]) Diesen Titel führte er seit dem Jahre 114 n. Chr. S. Eckhel
a. a. O. VI p. 130 fg.

Als Variante zu dieser Münze sei hier noch von den durch Reichhardt (a. a. O.) mitgetheilten, unedirten Exemplaren angeführt:

Nr. 4. שי׳ לחר׳ ב״ש. Zwei neben einander stehende Trompeten, ein längliches Viereck zwischen beiden.

שמע שׁ innerhalb eines Lorbeerkranzes.

Nr. 5. שׁ. ב״ לחר׳ישׁ׳אל. Zwei neben einander stehende Trompeten.

שמע R innerhalb eines Lorbeerkranzes. Beide sind Kupfermünzen.

Ein gleiches gilt von einer Silbermünze Simon's mit der Traube und dem Namen „Simon" zur rechten, und der Aufschrift לחר[ה]ן ירושלם um einen aufrecht stehenden Palmenzweig zur linken (s. de Saulcy a. a. O. pl. XI, 67.):

Nr. 40.

die aber auch in andern Exemplaren vorhanden ist, welche auf der Rückseite mit den griechischen Buchstaben *IAN ΣEB.* und auf der rechten Seite *ΥΠΑ* versehen sind. Jene Buchstaben sind aber sprechende Zeichen von der Umprägung von Trajansmünzen, nämlich *[TPA]IAN[OΣ] ΣEB[AΣTOΣ]* und *ΥΠ(ATOΣ) Δ*, d. h. „Kaiser Trajan, zum vierten Mal Consul"

Ja sogar von den Sekeln (Tetradrachmen) Simons mit Tempeleingang und Lulab (s. oben S. 94. Nr. 28.) finden sich Ueberprägungen zur Zeit des Aufstandes durch Ben-Kosiba, der auf ein Tetradrachmon von Antiochia mit dem Bilde des Titus, Domitians oder Trajans Typen = Nr. 28. und eine hebräische Inschrift aufgeprägt hat. [1]

Eine gleiche Behandlung, wie die Silbermünzen haben auch die Kupfermünzen erfahren, indem auch sie die Spuren der Ueberprägung an sich tragen. Sehr wahrscheinlich haben

---

[1] S. die Nachschrift bei Cavedoni, II. S. 74 fg.

Ben-Kosiba auch hier Originale Simon Giora's vorgelegen, da
sich auch Münzen desselben Typus ohne Ueberprägung finden
(s. oben Nr. 29). Solcher Art sind die Kupfermünzen, welche
rechts den Namen Simon, zwischen dem Stamm einer fruchttragenden Palme und links um ein Weinblatt die Inschrift
לחרות ירושלם „der Befreiung Jerusalem's" haben: Ein Exemplar (vgl. de Saulcy a. a. O. pl. XIII, 3.)

Nr. 41.

trägt am Rande beider Seiten (auf der einen die griechischen
Buchstaben . . ΕΠ. ., auf der andern $AYT(OKPATHP)$.
$KAI(CAPOC)$ $TPA(IANOC)$ die Spuren der überprägten Trajansmünze. Ueberprägte Münzen desselben Typus vom
Jahre 2 haben sich meines Wissens noch nicht gefunden.

Mit den Münzen Ben-Kosiba's müssen wir die jüdische
Münzgeschichte schliessen.   Seit diesem unglücklichen Versuche die Selbständigkeit zu gewinnen, ist keine ernstliche
Erhebung je wieder von den Juden versucht worden.   Ihre
heilige Stadt wurde von Hadrian zu einer ganz heidnischen
umgewandelt, unter dem Namen Aelia Capitolina, die erstere Benennung nach seinem Vornamen Aelius, die letztere
nach dem von ihm daselbst erbauten Tempel, welcher dem
Jupiter capitolinus geweiht war; der Zutritt zu der einst so
heiss geliebten Stätte wurde den Juden bei Todesstrafe verboten.   Sie aber wanderten in die weite Welt hinaus, mit
dem Bekenntniss des einzigen heiligen Gottes im Herzen,
dem hier ein unvergänglicher Tempel errichtet wurde.   Der
Glaube Israels sollte fortan nicht mehr an eine einzelne
Stätte und an vergängliche Gebäude gebunden sein; die
Trümmer des Heiligthums wurden zu heidnischen Tempeln

verwandt[1]), die Trümmer · des Volkes brachten der Welt ihr Heiligthum.

In Jerusalem haben die römischen Kaiser Kupfermünzen zu prägen fortgefahren mit der Bezeichnung ihres Namens auf der einen, und Colonia Aelia Capitolina auf der andern Seite; diese Stücke von Hadrian an bis in das dritte Jahrhundert sind nicht selten. Auch auf den früheren Exemplaren, welche die Muhammedaner seit der Eroberung Jerusalem's (636) in dieser Stadt geschlagen haben, finden wir auch dieselbe Bezeichnung Aelia. De Saulcy (a. a. O. S. 188 fg.) führt ein Exemplar aus dem kaiserlichen Münzcabinet in Paris an, welches rechts die bekannte Aufschrift in arabischer (kufischer) Schrift hat: מחמר רסול אללה „Muhammed der Gesandte Gottes" mit dem Bilde des Kalifen (nach de Saulcy' Abdu'l-Malik um 695 n. Chr.) und links über einem M[1]) ein Halbmond: פלסטין „Palästina" und איליא „Aelia". Ein anderes Exemplar im Besitze des Herrn de Saulcy hat dieselben Aufschriften, nur dass statt איליא (Aelia), zweimal Palästina vorkommt.

Aehnliche Münzen hat auch de Vogüé (a. a. O. p. 291) veröffentlicht. Das eine der zwei mitgetheilten Stücke zeigt zur rechten einen fünfarmigen Leuchter, zur linken Seite in arabischer (kufischer) Schrift: מחמר רסול אללה. Von dieser Münze hat der genannte Gelehrte zwei Exemplare iu Syrien erworben.

Das andere Stück zeigt rechts einen siebenarmigen Leuchter und Spuren einer nicht mehr zu entziffernden Inschrift, links vier parallel gepflanzte Bäume. Auch diese Münze kam von Syrien.

Nach der Ansicht von de Vogüé habe man durch den fünf- oder siebenarmigen Leuchter, der sich auch auf andern Denkmälern jüdischer Herkunft findet, [3]) eine Erinnerung an die

---

[1]) Vgl. Chronic. Alex. ann. III. Hadr., Eckhel a. a. O. VII. p. 18. und Cavedoni a. a. O. II. S. 70.

[2]) Dies M scheint Nachahmung byzantinischer Münzen zu sein.

[3]) Wir haben über dieses Symbol ausführlicher gesprochen in dem Jahrbuch für die Geschichte des Judenthums II. S. 282. Herr

ehemaligen Bewohner Palästina's bieten wollen, die Münzen
wären zu Jerusalem, während der Zeit, welche zwischen der
Eroberung dieser Stadt und der Prägung der ersten mit dem
Namen Abd-el-Melik geprägten Münzen liege, geschlagen worden. Die in diesem Zeitraum geprägten Münzen sind übrigens
nicht selten, sind mehr oder weniger den byzantinischen
nachgeahmt und haben auch christliche Symbole; sie sind der
Form nach ähnlich den hier beschriebenen kleinen Kupfermünzen.

de Vogüé führt noch andere Schriften an, wo über dasselbe abgehan-
delt wird, wir heben unter diesen hervor: Greppo, Notice sur des
inscriptions antiques tirées de quelques tombeaux juifs à Rome.
Lyon 1835.

Anhang I.

Anordnung, Typen, Schrift und Gewicht der jüdischen Münzen.

a) Anordnuug (Classification).

In der vorangehenden Abhandlung haben wir versucht, eine Anschauung der bisher bekannt gewordenen jüdischen Münzen einem weiteren Kreise zu eröffnen. Wir haben eine Anordnung des Materials gegeben, welche von unsern Vorgängern in manchen wesentlichen Punkten abweicht, und fühlen uns daher verpflichtet, hier unsere Gründe, zugleich aber auch die Ansichten der früheren Bearbeiter, soweit dieselben überhaupt Berücksichtigung verdienen, darzulegen. Auf diese Weise hoffen wir unsere Leser in den Stand zu setzen, ebensowohl die Schwierigkeit der ganzen Untersuchung erwägen, als auch ihrer Nachsicht mit Irrthümern und Fehlgriffen von vornherein uns versichern zu können.

Seitdem durch Perez Bayer, wie im Eingange unserer Arbeit bemerkt worden, die Aechtheit der jüdischen Münzen gegen alle Zweifel festgestellt worden, schrieb dieser Gelehrte fast alle dem Hasmonäer Simon, gestützt auf die Stelle in den Büchern der Makkabäer I, 15, 1—9., zu, und da man auf den vorhandenen Münzen vier Jahre bezeichnet sah, während welcher Zeit die Prägung stattgefunden hat, so wurde sämmtliches Material nach diesen Jahren geordnet. In's erste Jahr wurden die Sekel vom Jahre 1 (s. oben Nr. 2. und 3.) dagegen auch Simon- und Eleasar-Münzen, mit der Bezeichnung:

„das erste Jahr der Befreiung Israel's" [1]; in's zweite wiederum
Hasmonäische Sekel vom Jahre 2 (s. oben S. 43.), Simon-
Giora-Münzen desselben Datum's und endlich die kleinen
Kupfermünzen, die nach S. 99. in die Zeit des Aufstandes
unter Nero fallen, gesetzt [2]. Vom Jahre 3 kannte Bayer keine
anderen, als jene kleinen Kupfermünzen, mit der Bezeichnung
שנה שלש und חרות ציון (s. oben S. 100.), und war er der Ansicht, dass im 3. Jahre die Verhältnisse der Juden nicht so
glänzend, wie in den früheren Jahren, und sie daher ausser
Stande waren Silbermünzen zu prägen [3]. Für das Jahr 4
blieben nun die Silber- und Kupfermünzen des Hasmonäers
Simon übrig, auf welchen jene Datirung sich vorfand. So
waren denn sämmtliche Münzen, deren Zahl, wie man sieht,
eine sehr geringe war, untergebracht, und zwar als von Simon
dem Hasmonäer geprägt; einige Münzen jedoch kannte bereits
Bayer, die er dem Johannes Hyrkan, und durch Barthelemy
und Woide aufmerksam gemacht, dem Antigonus und Jonathan zuschrieb. [4]

Die Anordnung Bayer's blieb so längere Zeit mustergiltig,
bis de Saulcy sein oft erwähntes grosses Münzwerk heraus-
gab; selbst der tüchtige Münzkenner Cavedoni blieb noch im
Ganzen auf dem alten Standpunkt zur Zeit (1850), als er seine
„biblische Numismatik" schrieb und jenes Werk des französischen Gelehrten noch nicht kannte; erst im zweiten Theile
hat Cavedoni, unterstützt durch ein reicheres Material, eine
andere Eintheilung versucht. Auch die um dieselbe Zeit (1851)
erschienene Abhandlung von Bertheau „jüdische Münzen" in
der grossen Encyclopädie von Ersch und Gruber (Sect. II,
Bd. 28) hält sich im Allgemeinen noch an die ältere Eintheilung,
wiewohl schon hier eine Ahnung des Richtigen sich zeigt, an
dem Orte (S. 13), wo er von den umgeprägten Hadriansmün-
zen spricht, wie denn auch schon ältere Numismatiker, wie

---

[1] S. Bayer a. a. O. p. 65. — [2] Das. p. 95.
[3] Das. p. 114 fg.
[4] Das. cap. VIII. und Vindiciae p. LXVII.

Barthelemy, Henrion [1]) in diesem Punkte Aehnliches vermuthet
haben. Erst ein so umfangreiches Material, wie die Sammlung
von de Saulcy enthält, kann der Forschung den richtigen Weg
ebnen. Den Sammler selbst scheint aber gerade der allzu-
grosse Reichthum so geblendet zu haben, dass er von der
Wahrheit allzusehr abirrte. De Saulcy entzieht nämlich alle
bisher dem Hasmonäer Simon zugeschriebenen Münzen (s. oben
Nr. 2—6.) diesem Fürsten und legt sie in die Zeit Alexander
des Grossen, als der Hohepriester Jaddua die Gunst desselben sich zu erwerben gewusst hatte, s. Josephus 11, 8, 5 und
oben S. 23. Nach diesem Geschichtschreiber hätte nämlich
Alexander, während der Belagerung von Tyrus (332 v. Chr.),
den Hohenpriester Jaddua aufgefordert, Truppen und Lebensmittel, so wie den früher dem Könige von Persien gezahl-
ten Tribut ihm zu schicken. Dies Anerbieten habe aber Jaddua, als unvereinbar mit dem dem Darius geleisteten Eide der
Treue abgelehnt und dadurch den Zorn des Eroberers von
Tyrus auf sich gezogen. Als aber Alexander gegen Jerusalem
heranrückte, zog ihm Jaddua, begleitet von andern Priestern
in vollem Schmuck entgegen und der Zorn des Königs war
wie durch ein Wunder entschwunden. Er habe dann sein Benehmen seinen Freunden dadurch erklärt, dass er einst, als
er noch in Macedonien war, im Traume eine Gestalt, ganz
ähnlich der des jüdischen Hohenpriesters, welche ihm die Eroberung Persiens verkündigt, gesehen, und nun glaube er der
Verheissung. Er sei dann nach Jerusalem gekommen, erzählt
dieselbe Quelle weiter [2]), habe den Tempel besucht, für sich
opfern lassen und den Juden mehrere Privilegien ertheilt; ja
sogar die Weissagungen Daniels seien von dem Hohenpriester
dem Könige vorgetragen worden, die Siege des Macedoniers
und der Fall des persischen Reiches mit grosser Bestimmtheit

---

[1]) S. Bayer: Vindiciae p. IX.
[2]) Aehnliches erzählt auch der Thalmud, Joma 96 a. und Megillath
Thanith c. 9., nur wird dort als Hohepriester Simon der Gerechte
genannt.

darin vorausverkündigt. Abgesehen von der geringen Wahrscheinlichkeit der ganzen Erzählung — man denke nur an die
letzte Behauptung, wonach das Buch Daniel schon um diese
Zeit, statt zu den Zeiten der Makkabäer, ganz vorhanden war
— so wird doch nirgends unter den bewilligten Privilegien
die der selbständigen Münzprägung erwähnt; denn von der
hohen Gunst, in welcher Jaddua bei Alexander stand, wird
diese stillschweigend von de Saulcy abgeleitet, und die vier
Jahre, deren die Münzen in ihren Inschriften erwähnen, sollen
von dem erwähnten Ereignisse datiren. Und warum nur vier
Jahre und nicht länger? Auch dürfte es auffallen, dass das
Gewicht des Sekel ganz verschieden von dem des Silbergeldes Alexanders ist, das in einzelnen palästinensischen Städten,
wie bereits oben S. 23 fg. erwähnt ist, geschlagen worden. Diese
und noch andere Einwände sind bereits von verschiedenen
Seiten gegen die Annahme de Saulcy's geltend gemacht worden, und man ist im Allgemeinen zu der Ansicht zurückge-
kommen, den Anfang der jüdischen Münzprägung in's zweite,
statt in's vierte Jahrhundert v. Chr. zu setzen. Dass aber Simon, nach der erwähnten Urkunde in dem Makkabäerbuch
(s. oben S. 38), den Anfang gemacht, wie wir mit Cavedoni
glauben, wird ebenfalls von de Saulcy geläugnet. Er lässt
schon Juda Makkabi Münzen prägen und zwar diejenigen,
welche wir (oben Nr. 9, S. 54) dem Juda Aristobul beilegten [1]);
Jonathan (diesem werden die Münzen von Alexander Jannäus,
oben S. 55. Nr. 10—12, zugeschrieben) habe dann in der
Weise seines Bruders fortgefahren und sich, nach den althebräischen Münzaufschriften, sogar König genannt — die zwei-
sprachigen, oben Nr. 11, gehören jedoch auch nach de Saulcy
dem Könige Alexander Jannäus an —; von Simon aber seien
bis jetzt noch keine Münzen gefunden worden. Da nun aber
die Typen der Alexander Jannäus'-Münzen ganz gleich denen

---

[1]) Wir haben diesen Punkt und noch andere bereits in der erwähnten Beurtheilung des Werkes von de Saulcy, in der allgem. Zeitung des Judenthums 1855, Nr. 27 fg. zu widerlegen versucht.

seines Vaters sind, so ist gar kein Grund vorhanden, einen
Theil derselben als von dem Sohne des Matathias Jonathan
geprägt anzusehen, zumal aus dem geschichtlichen Verlauf
der Regierung Alexander Jannäus' es sich sehr gut erklären
lässt, dass er griechische Aufschriften neben den althebräischen
sich wählen konnte, sein Name Jannai (ינאי) auch geschicht-
lich durch Josephus (Antiq. 13, 12, 1) und den Thalmud (Kidusch. 66 a, Ab. Sara 50 a, Berach. 29, a) feststeht und
sprachlich als Abkürzung aus Jonathan ebenfalls leicht
seine Erklärung findet[1]). Schwerlich waren auch wohl die
unruhigen Zeiten unter Juda Makkabi und Jonathan dazu angethan, Geld zu prägen[2]), während der geeignete Zeitpunkt
dazu erst unter Simon eintrat. Ja man möchte fast glauben,
dass dieser Fürst nur erst zu heiligen Zwecken, z. B. der
Tempelabgabe wegen, Sekel und deren Theile geprägt habe,
und desshalb die Typen, ein Umstand, der manchen Numis-
matikern und auch de Saulcy aufgefallen ist, so verschieden
von denen der Münzen seiner Nachfolger sind; diese jedoch,
so möchten wir weiter vermuthen, hätten dieses zu heiligen
Zwecken geprägte Geld in derselben Form weiter prägen lassen, während das Kupfergeld (Silbergeld ist, und eben desshalb auch nicht von ihnen vorhanden), das wir von ihnen besitzen, zum Handel und Wandel benutzt worden sei; daneben
mochte auch fremdes Silber- oder auch das Sekelgeld aus-
geholfen haben; denn bei dem weltlichen Sinn von Simon's

---

[1]) Die eigentliche Form ist יני, denn das Aleph ist nur mater lect.,
wie z. B. der biblische Name שמי (1 Chron. 2, 28. 44. 4, 17.) später
שמאי geschrieben wird. Jenes יני oder ינא ist aber nur Verkürzung
aus ינתן, wie נתאי aus נתן. Den Namen ינאי führt auch ein Lehrer im
Thalmud, s. Gittin. 60 a.

[2]) S. allgem. Zeit. des Judenthums a. a. O. S. 350. Wir haben
auch oben S. 41. auf die Aufschriften der Münzen Simon's: „das
heilige Jerusalem" etc. aufmerksam gemacht, welche deutlich für die
Zeit dieses Fürsten sprechen, nach dem Wortlaut des Erlasses von
Antiochus Sidetes und nach Analogie anderer zu dieser Zeit geprägter Münzen.

Nachfolgern war eine strenge Scheidung von heiligem und pro-
fanem Gelde nicht sehr wohl anzunehmen, weil auch gesetzlich
gar nicht geboten. Das möchte denn der Erklärungsgrund
sein, wesshalb sich die Münze mit der Sekel-Bezeichnung
so häufig und Silbergeld seit Johannes Hyrkan und seinen
Nachfolgern gar nicht findet. Geringere Schwierigkeit macht
es, nach der oben gegebenen Darstellung, dass wir nur von
vier Jahren Simon's Münzen besitzen; wenn er auch länger
regierte, so hat er doch erst seit der Erlaubniss des syrischen
Königs von dem Münzrecht Gebrauch gemacht und von der
Zeit an, bis zu seinem Tode, sind gerade vier Jahre verflos-
sen. Somit werden wir den Anfang der vorhandenen Münzen
der Makkabäer mit Cavedoni und Bertheau von Simon datiren
und mit Antigonus beschliessen. [1])   Für die Zeit des Aufstandes unter Nero haben Cavedoni und de Saulcy nur die zwei
Bronze-Münzen gefunden, die wir oben unter Nr. 34. 35. beschrieben haben. Nun ist es aber eine höchst auffallende Erscheinung, dass die vier Jahre der Erhebung, vom Jahre 66—70,
während welcher unausgesetzt Jerusalem in den Händen der
Juden war und der denkwürdige mit so vielen Opfern erkaufte

---

[1]) Eine ganz neue Classification hat Ewald (a. a. O. der Nachrichten der götting. gel. Gesellschaft) versucht. Er theilt die Münzen
ein in: 1) Hasmonäer-Münzen, 2) Antigonos-Münzen, 3) Siklos-Münzen, 4) Simon-Münzen. — Was unter Hasmonäer-, Antigonos- und
Simon- (Barkochba) Münzen zu verstehen sei, ist an und für sich klar:
mit Siklos-Münzen will dieser Gelehrte die bisher dem Simon, dem
Hasmonäerfürsten zugeschriebenen bezeichnen, aber diese wären nicht
von Simon geprägt, sondern zur Zeit des neronischen Aufstandes, als
die Freiheit „im Sinne der heiligen Herrschaft", errungen war. Von
Simon wären bis jetzt noch keine Münzen gefunden, und fänden sie
sich, so würden sie die Typen der Hasmonäer-Münzen haben. Diese
Hypothese, theilweise schon von Werlhof (Cavedoni II. S. XXIII.)
widerlegt, fällt nunmehr ganz zusammen, da wir durch die bald zu
erwähnenden neueren Funde im Stande sind, uns einen Begriff zu
machen, wie die Revolutionsmünzen ausgesehen haben: auch zeigt
das Gepräge der Sekel-Münzen ein älteres Datum, wie der neronische
Aufstand, abgesehen von dem Gewichte derselben, deren System sich
schwerlich in die Kaiserzeit fügt.

Freiheitskampf statt fand, ganz leer in der jüdischen Münzgeschichte ausgehen sollten [1]). Zum Glück hat der Fund de
Vogüé's [2]) d iese Lücke ausgefüllt, und wenn der glückliche Fin-
der nicht so umfangreichen Gewinn aus seinen Eleasar-Münzen,
wie wir zu thun gedenken, gezogen hat, so lag dies in der
allzu grossen Vorsicht, die so achtungswerth sie auch ist,
doch nicht uns hindern darf aus Angst, auf dem schlüpfrigen
Wege zu stolpern, einen Schritt vorwärts zu gehen.

Unzweifelhaft gehören die Münzen, welche die Aufschrift
„Eleasar hakohen" haben, der Zeit des Aufstandes unter Nero
an. Denn zwei gleichnamige Führer [3]) zu verschiedenen Zeiten, zur Zeit Nero's und etwa zur Zeit Ben-Kosiba's anzunehmen, ist höchst unwahrscheinlich. Unter den Männern aber,
welche im ersten jüdischen Aufstande den Namen Eleasar
führen, passt gewiss keiner als Münzherr, denn jener Zelotenführer, welcher in den ersten Jahren die Seele der Empörung

---

[1]) Vgl. de Saulcy a. a. O. p. 52.: „Il n'est guère vraisemblable
que la nation, qui faisait des efforts si héroïques pour reconquérir sa
liberté ait négligé de constater par des émissions monétaires ses droits
à l'autonomie qu'elle revendiquait les armes à la main" etc. Doch
weiss de Saulcy nur die kleinen Kupfermünzen vom Jahre 2 und 3
dieser Zeit zu vindiciren.

[2]) S. oben S. 85 fg.

[3]) Dies hat auch bereits de Vogüé richtig erkannt, s. a. a. O.
S. 286 fg.: „Il n'est guère probable, en effet, qu'Eléazar ait été con-
temporain de Barchocébas et que le révolte des Juifs sous Adrien ait
eu deux chefs distincts battant monnaie séparément, alors que l'histoire
n'en mentionne qu'un seul." Auch das hat de Vogüé richtig erkannt,
dass nur Eleasar, Sohn Simon's, unsere Münzen geprägt haben konnte,
nicht aber sein Zeitgenosse Eleasar, Sohn des Hohenpriesters Ananias,
weil dessen politische Rolle nur von kurzer Dauer war. Wenn trotz
dieser richtigen Voraussetzung de Vogüé nicht gewagt hat, als nothwendige Consequenz auch Simon Giora, die mit dem Namen Simon
bezeichneten Münzen zuzuschreiben, so hielt ihn Josephus' (jüd. Krieg
4, 10, 12.) Erzählung, dass Simon erst im dritten Jahre des
Krieges in Jerusalem eingezogen sei, während auf manchen Simon's-
Münzen „das zweite Jahr der Befreiung" sich findet, davon ab. Wir
haben bereits diesen Punkt früher berührt und werden sogleich weiter
darüber sprechen.

war. Ihm gehören also die Silbermünzen (s. oben Nr. 22—23)
an, welche mit den Typen, Vase und Palmenzweig und der
Inschrift אלעזר הכוהן „der Priester Eleasar" einerseits, und andererseits mit der Inschrift שנת אחת לגאלת ישראל „das erste Jahr
der Erlösung Israels" um eine Traube, versehen sind; ebenso
auch die Kupfermünze (s. oben Nr. 24) mit der Palme und
Weintraube, welche dieselben Inschriften tragen.   Sind wir
nun nicht berechtigt diejenigen Münzen, welche dieselben Typen haben, in dieselbe Zeit zu setzen, wenn nicht geradezu
die Inschrift und das Gewicht dagegen sprechen?   Von diesem oft gebrauchten Grundsatz der Münzwissenschaft machen
wir auch für unsere Münzen Anwendung.   Man vergleiche nun
die Silbermünze Eleasar's, oben S. 89. Nr. 22—23, mit der
Silber-Münze oben S. 93. 94. Nr. 26 u. 27, welche dieselben Typen [1]) und die Aufschrift לחרות ירושלם „der Freiheit Jerusalem's"
auf der einen und שמעון „Simon" auf der andern Seite hat, so
ist nichts natürlicher, als diese Münze dem zweiten Hauptführer der aufständischen Juden, dem Simon Giora zuzuschreiben.   Eben dieselbe Vergleichung können wir auch mit den
Kupfermünzen Eleasar's, s. oben S. 90. Nr. 24) und denen,   ·
welche dieselben Typen (Dattelpalme und Traube) und die
Aufschrift שמעון „Simon" haben (s. oben S. 95. Nr. 29) vornehmen, und das Resultat wird dasselbe sein.   So hätten wir
denn einen sichern Boden für Simon Giora als Münzherrn gewonnen, und wird es daher keinen Widerspruch finden, ihm
zunächst auch diejenigen Münzen zuzuschreiben, welche, wie

---

[1]) Dass auf der einen Seite statt der Traube, Nr. 22., ein Kranz
bei Nr. 26. sich findet, ist keine wesentliche Differenz in den Typen.
Die Traube wechselt oft mit dem Kranz bei unsern Münzen. So haben
wir z. B. eine Simon-Münze bei de Saulcy pl. XIV, Nr. 5., s. oben
S. 94. Nr. 27. mit Krug und Palme auf der einen und der Inschrift
„Simon" um eine Traube auf der andern Seite, während Reichardt
a. a. O. (s. oben S. 94.) statt dieser Type den Namen „Simon" in
einem Lorbeerkranz auf einem Exemplar uns bietet. Vollends sind
auf der Münze vom Jahre 2 (s. oben Nr. 27.) auf beiden Seiten die
Typen ganz gleich.

Nr. 27, S. 94. dieselben Typen (Krug und Palmenzweig) und die Inschrift: שׁ"ב לחר" ישראל „das zweite Jahr der Befreiung Israels" auf der einen Seite, und um eine Traube, oder nach dem Exemplar von Reichhardt, (s. oben S. 94) innerhalb eines Lorbeerkranzes den Namen שׁמעון „Simon" haben. Doch kann man entgegnen [1]), widerstreitet denn eine solche Annahme nicht dem Berichte des Josephus (jüd. Krieg IV, 9, 12.) nach welchem Simon Giora erst im dritten Jahre in Jerusalem eingezogen sei [2]), und seine Münzen bereits vom zweiten Jahre datiren? Setzt denn aber, entgegnen wir, die Münzprägung nothwendig die Anwesenheit in der Hauptstadt voraus? Die Zeitrechnung „von der Erlösung Israel's", oder „der Freiheit Israel's oder Jerusalem's" war gewiss eine allgemein angenommene und verbreitete und konnte in Aktenstücken in und ausserhalb Jerusalem's Geltung haben. Konnte also Simon in Akrabatene, in Masada oder Hebron oder sonst in irgend einem Orte Idumäa's, wo er festen Fuss gefasst hatte, nicht Münzen schlagen, und sie mit der Bezeichnung „der Freiheit Israel's" oder Jerusalem's versehen? Von dem ersten Siege der Juden über die Römer unter Cestius Gallus war dieser kühne Führer unausgesetzt in Thätigkeit, reiche Schätze hatte er durch seine Raubkriege zusammengebracht, und unabhängig, wie er war, konnte er ohne Zweifel ganz nach der Art, wie der Zelotenführer Eleasar in Jerusalem, ausserhalb dieser Stadt Münzen prägen.

---

[1]) De Vogüé hat, wie bereits erwähnt, diesen Einwand erhoben, aber ihn nicht zu beseitigen und seinen Fund nicht ganz zu verwerthen vermocht. Seiner vorgeschlagenen Anordnung der Münzen mit der Legende „des ersten Jahres der Befreiung", S. 287 fg., stellen sich bedeutende Schwierigkeiten in den Weg.

[2]) Die Worte des Josephus lauten: Σίμων μὲν οὕτως ἐνιαυτῷ τρίτῳ τοῦ πολέμου Ξανθικᾷ μηνὶ Ἱεροσολύμων ἐγκρατὴς ἐγένετο. „Auf solche Weise wurde Simon im dritten Jahre des Krieges, im Monat Xanthikos (April 69) Herr von Jerusalem". Die Chronologie des Josephus in der Erzählung der Thaten Simon's ist übrigens ziemlich verwirrt, jedenfalls ist das letztgenannte Factum sicher.

Indessen liesse sich noch auf andere Weise die Schwierigkeit heben; indem man, die willkürliche und tyrannische Gewalt Simon's in Rechnung bringend, sich auch wohl das Sachverhältniss in der Art denken kann, dass Simon mit seinem Einzuge in Jerusalem die Aera „der Befreiung Israel's oder Jerusalem's" mit diesem Ereigniss begann; durch diese Annahme wird auch der auffallende Umstand, dass noch keine Simon's-Münze höher wie vom Jahre zwei gefunden worden, hinlänglich erklärt. [1] Sein Walten in Jerusalem ging eben nicht über zwei Jahre hinaus, nur in den Jahren 69 und 70 v. Chr. befehligte er in der Hauptstadt und von diesen zwei Jahren rühren die von ihm geschlagenen Münzen her; die ohne Jahresbezeichnung also vom ersten Jahre seines Einzuges in Jerusalem. Eigenthümlich ist auch den Stücken, welche den Namen Simon (ohne weiteren Zusatz) tragen, und ohne Jahresbezeichnung sind, die Aufschrift: לחר' oder ירושלם לחרות, „der Freiheit Jerusalems", denen vom Jahre zwei aber לחר' ישראל „der Freiheit Israels", während die Eleasar-Münzen vom Jahre Eins die Devise לגאלת ישראל „der Erlösung Israels" führen [2]. Diese Bezeichnung hat uns auch geleitet [3] diesem Führer auch die Sekel (Tetradrachmen) zuzuschreiben, auf

---

[1] Wir könnten noch auf einem dritten Wege den Schwierigkeiten entgehen, wenn wir sämmtliche Münzen, welche den Namen Simon tragen, dem Simon ben Gamliel (s. weiter unten) zuschreiben; zu dieser Annahme konnten wir uns nicht entschliessen, weil wir keinen Grund anzugeben wissen, wesshalb nicht sein voller Titel „Simon Nesi Jisrael", wie auf den Münzen, von denen wir noch sprechen werden, aufgeführt worden sei.

[2] Aus diesem Grunde ist uns auch die Silbermünze Reichardt's, welche um eine dreisaitige Lyra ש"א לחר' ישראל und im R um eine Weintraube שנת אחת לג... י' hat, mehr als verdächtig, vgl. oben S. 96.

[3] Wir haben schon oben angedeutet und sprechen sogleich darüber, dass mit noch grösserer Wahrscheinlichkeit die zu erwähnenden Münzen von der höchsten Behörde ausgegangen sein können. Gewissheit können in so schwierigen Fragen nur neue Entdeckungen geben.

denen dieselbe sich auf der einen Seite findet, und deren andere Seite ירושלם „Jerusalem" um ein Tempelportal hat (s.
oben S. 91. Nr. 25); ebenso aber dürften die Sekel vom Jahre
zwei (de Saulcy pl. XI Nr. 3, vgl. de Vogüé S. 287. Anm.
I, und oben S. 91.), welche um das Portal dieselbe Aufschrift ירושלם „Jerusalem" haben, dem Eleasar angehören, da
auf den von Simon geprägten an dieser Stelle שמעון „Simon"
sich findet.

Gehören nun aber die bisher gedachten Münzen, welche
den Namen Simon führen, nach unserer Ansicht dem Simon Giora an, so nehmen wir keinen Anstand auch noch
andere, welche mit dem Namen „Simon" bezeichnet sind,
demselben zuzuschreiben, wie z. B. die mit zwei Trompeten,
Lyra, aufrecht stehendem Palmenzweig, überhaupt den grössten Theil derjenigen, welche bisher dem Ben-Kosiba zugetheilt worden sind. Dieser Führer im zweiten Aufstand hat
allerdings Münzen geprägt, wie der Thalmud (wir kommen auf
diese Quelle noch zurück) und die umgeprägten Kaiser-Münzen,
deren wir oben gedachten, belegen können; jedoch sind diese
zur Zeit des Aufstandes unter Hadrian nur Nachahmungen
derer vom ersten unter Nero. Dass die Präge mit althebräischen Buchstaben auf den Kaisermünzen aufgetragen worden,
wird kein Münzkenner mehr läugnen [1]), ebenso wird man zu-
gestehen, dass keiner Zeit nach der Zerstörung des Tempels,
als die Zerstreuung der Juden noch nicht vollständig war, diese
Münzen sich eher eignen, als der des Aufstandes unter Ben-
Kosiba. Und wollte man den Muth der Kämpfer durch den
Hinweis auf die ruhmwürdigen Thaten der Vorfahren und ihre
opferwillige Hingebung an die Sache des Vaterlandes anfeuern,
so bot dazu der Name Simon Giora's, dessen Andenken in den
Herzen der Zeitgenossen gewiss noch nicht erloschen war,
die beste Parole; man hatte aber auch durch die Umprägung
zugleich den Zweck erreicht, die verhassten Kaiserbilder auf
dem cursirenden römischen Gelde zu vertilgen, und führte da-

---

[1]) Zum Ueberfluss vgl. Eckhel a. a. O. III. p. 172.

für wohlbekannte Typen vor Augen, welche an den einst so heiss
geliebten und muthig vertheidigten Tempel mahnten, und in
ihrer Begleitung Inschriften, welche von der Freiheit Israel's
oder Jerusalem's erzählten. Es ist desshalb nicht mit Noth-
wendigkeit bei der Ausgabe dieser Münzen zur Zeit Ben-
Kosiba's bedingt, dass dieser auch den Namen Simon geführt
habe, da alle Quellen davon schweigen und die ältesten, dazu
gehören die Thosiphtha und der jerusalemische Thalmud, ihn nur
Ben-Kosiba nennen; spätere wie die Kirchenväter, der babylonische Thalmud [1]) und Midrasch: Bar-Kochba, (oder Bar-Cho-
chebas und ähnliche Formen) nach seinem Messiasthum „als
Sohn des Sternes", nach den Worten der heiligen Schrift
(4. Mos. 24, 17): „Es geht ein Stern (כּוֹכָב) aus von Jacob".
Der Zuname „Sternsohn" hat sich denn auch später erhalten,
und mit ihm die Sagen, die sich an das Messiasthum anleh-
nen, genauer als die eigentlichen Kämpfe für die Freiheit der
Juden [2]). Dies Alles zusammengenommen, und die Erwägung,
ob Ben-Kosiba zu irgend einer Zeit Jerusalem in Besitz gehabt,
wofür, wie oben erwähnt worden, allerdings Zeugnisse, wenn
auch nur wenige, vorliegen, die durch das Stillschweigen anderer die Kämpfe der Juden zur Zeit Hadrian's berührenden,
paralysirt werden [3]); ferner, ob die Typen, welche offenbar

[1]) An einzelnen Stellen heisst er auch hier Bar-Kosiba (nach dem
aramäischen Dialect statt Ben-K.), jedoch war das Andenken an ihn nur
noch ganz nebelhaft; vgl. z.B. b. Sanhedr. 93, b.: בר כוזיבא מלך תרתין
שנין ופלגא אמר להו לרבנן אנא משיח אמרו ליה כמשיח כתיב דמורח וראין
ניחוי אנן אי מרח ודאין כיון דחזיוהו (richtiger דחזייוהו) דלא מריח וראין קטלוה
„Barkosiba regierte 3½ Jahr und nannte sich vor den Lehrern als
Messias, diese erwiderten: von dem Messias heisst es (Jes. 11, 3.),
dass er nach dem Geruche zu richten vermöge, so lasst uns denn
sehen, ob er dies könne, als sie dies nicht bei ihm wahrnahmen, tödte-
ten sie ihn."

[2]) S. Aristo Pellaeus bei Euseb. Kirchengesch. IV, 6. in Müller's
fragmenta hist. Gr. IV, 328., wo schon die Sage vom aufgehenden
Stern die geschichtliche Wahrheit überwuchert.

[3]) Ausführlich spricht über diesen Gegenstand S. Cassel, Encyclopädie von Ersch und Gruber, II. Sect. Thl. 27. S. 15 fg., vgl. auch
Grätz (a. a. O.) IV. S. 163.

vom Tempeldienste hergenommen (wie Trompeten, Lyra, Opferschaalen) zur Zeit des zweiten Jahrhunderts nach der Zerstörung des Heiligthums geeignete und leichtverständliche Symbole wären, führen uns zu der Annahme, dass Ben-Kosiba nur Nachahmer der Münzen Simon Giora's war; so viel ihrer vorhanden waren, kamen von Neuem in Curs, oder man prägte ihre Typen und Inschriften auf die Reichsmünze, welche im Umlauf war, meistens Denare oder Kupfermünzen Trajan's. [1] So würde denn die grosse Anzahl von Münzen, welche man in neuerer Zeit dem Führer der letzten nationellen Erhebung zuschrieb, auf eine kleine zusammenschmelzen; nach unserer Ansicht sollte man nur die umgeprägten Münzen ihm zuschreiben, dagegen jede, auf denen der Name Simon sich vorfindet, dem Simon Giora; daher hoffen wir auch gerechtfertigt zu sein, wenn wir z. B. die umgeprägte Münze mit der Lyra (s. oben S. 105 fg. Nr. 35), oder die mit der Vase und Palmenzweig (s. oben S. 105 Nr. 36.) dem gegenwärtigen Zustande nach in die Zeit des hadrianischen Aufstandes, die nicht umgeprägten aber in die Zeit der ersten Erhebung und von Simon Giora herrührend versetzen.

Es bleibt uns nur noch übrig, die Münzen zu classificiren, welche die Bezeichnung „Simon, Fürst Israel's" (שמעון נשיא ישראל) führen. Wir haben diese angetroffen: 1) auf der grossen Bronze (s, oben S. 97. Nr. 30) vom Jahre 1, mit der Inschrift: „das erste Jahr der Erlösung Israel's" um eine zweihenklige Vase auf der einen Seite; auf der andern fasst die genannten Worte: „Simon, Fürst Israel's" ein mit einer Gemme verzierter Kranz ein; 2) auf denen mit dem Weinblatt und der Dattelpalme, vom Jahre 1, (s. oben S. 98. Nr. 31) und dem Jahre 2 (s. oben S. 98. Nr. 32). 3) auf einer Bronze mit der Lyra, nach de Vogüé (a. a. O. p. 288). Diese Münzen ohne Weiteres dem Simon Giora zuzuschreiben, ist mehr als bedenklich.

---

[1] Wie die Schrift auf den gedachten Münzen anzusehen ist, und ob ihr Vorhandensein nicht Bedenken erregen dürfe, werden wir weiter unten zu erklären versuchen.

Warum sollte dieser gerade auf diesen Münzen sich einen
Titel beigelegt haben, den er auf den übrigen, und gar auf
denen, die gleiches Gepräge mit den zuletzt genannten haben,
nicht führt? Vollends steht die grosse Bronze, abgesehen von
dem seltsamen Gewicht (33, 40 Gr.), mit ihrer Aufschrift שנת
אחת לגאלת ישראל ganz isolirt unter den Simon - Münzen da. Dass
aber Ben - Kosiba ein Anrecht auf diese Stücke habe, muss
nach der vorangehenden Darstellung, der zufolge nur dann
diesem Führer Münzen zugeschrieben werden können, wenn
Umprägung uns auf seine Autorschaft leiten, ganz und gar
bezweifelt werden. Den Titel „Nasi" (נשיא) endlich haben
wir bisher nie auf unsern Denkmälern gefunden. Im biblischen
Sprachgebrauch wird er bei Königen, Stamm - und Familien-
häuptern angewandt, in späterer Zeit kommt er nur bei dem
Synhedrial - Oberhaupt vor. Da nun nach den Typen und der
Aufschrift („das erste Jahr der Befreiung Israels") unsere Münzen nothwendig in die Zeit des neronischen Aufstandes zu
setzen sind, könnte man nicht annehmen, dass sie auf Autorität des Synhedrium's[1]) und seines damaligen Hauptes Simon
ben Gamliel geschlagen worden seien? Giebt man zu, dass
Eleasar, dem Zelotenführer, die mit seinem Namen versehenen

---

[1]) Auf dessen Veranlassung sind wahrscheinlich, wie oben erwähnt, die kleinen Kupfermünzen, S. 100. Nr. 34. und die Sekel (Tetradrachmen) Nr. 25. ohne Namen Simon's, wenn man sie nicht als
von Eleasar ausgehend betrachten will, geprägt worden. Uns ist es
sogar wahrscheinlicher, dass auch die Sekel von der obersten Behörde
ausgegangen seien. Man betrachte die Aufschrift der Vorder- und
Rückseite auf diesen Münzen (s. Nr. 25.), so sieht man, dass auf
beiden Seiten sorgfältig die Inschriften wiedergegeben sind. Nun sehe
man z. B. die Kupfermünzen Eleasar's (s. Nr. 24.), die eine Seite
שנת אחת לגאלת ישראל ist ganz sauber gezeichnet, weil, wie wir glauben, die Inschrift nach den Synhedrialmünzen treu copirt worden, wie
die Gleichheit der Buchstabenformen dies belegen kann, die andere
Seite aber אלעזר הכהן ist ganz confus aufgetragen, eben weil kein
Original dem Stempelschneider vorlag. Zum Theil gilt dies auch von
den Silbermünzen dieses Anführers; die Inschrift der Seite, welche
seinen Namen trägt, steht bei Weitem der der andern nach, weil diese
nach den Synhedrialmünzen copirt zu sein scheint.

Münzen angehören, und dass um eben diese Zeit, zu Anfange
der Erhebung das Synhedrium seine unter den Herodianern
und den römischen Procuratoren vielfach verkümmerte Macht
in voller Ausdehnung wieder erlangt und von derselben auch
bei den politischen Angelegenheiten Gebrauch gemacht, wie
wir dafür selbst bei dem, wo es die innern Verhältnisse der
Juden betrifft, wortkargen Josephus sprechende Zeugnisse haben [1]), warum sollte unter solchen Verhältnissen die Annahme
nicht volle Berechtigung haben: die höchste politische
Gewalt habe auch von ihrer Befugniss, Münzen zu
prägen, Gebrauch gemacht und dieselben mit dem
Namen ihres Vorsitzenden „Simon (ben Gamliel) Nesi
Jisrael" versehen? Schon der Vater dieses Simon, das
Synedrialoberhaupt Gamliel [2]) erfreute sich eines hohen An-
sehens durch Tugenden und Gelehrsamkeit, und sein Sohn
überragte ihn vielleicht noch, weil er unter schwierigeren Verhältnissen gleich grossen Rufes genoss. [3]) Seine Nasi-Würde
nebst der seiner Ahnen wird nach dem Thalmud [4]) von sehr
früher Zeit her datirt. Bei der neronischen Erhebung scheint
sein Einfluss ein höchst bedeutender und nur der Hohepriester
Hanan in der ersten Zeit sein Nebenbuhler in der Volksgunst
gewesen zu sein. Er meinte es ernst und aufrichtig mit der
Sache des Vaterlandes; ohne die Ausschreitungen der Zeloten unbedingt gut zu heissen [5]), duldete er doch keine Lauheit

---

[1]) Jos. Leben c. 12. 38. und jüd. Krieg 2, 20, 3 fg.

[2]) S. über diesen: Jost, Gesch. des Judenthums, I. S. 263., 281.
und 423. Grätz a. a. O. III. S. 289 fg. und 337.

[3]) Josephus, welcher selbst (s. dessen Leben a. a. O. c. 38.) von
Simon sagt: „dass er damals ihm nicht gewogen war", ist doch voll
seines Lobes, er rühmt von ihm „genaue Kenntniss und Befolgung des
Gesetzes; er sei voller Weisheit und Einsicht und im Stande, allein
durch seinen Rath die wankenden Angelegenheiten wieder in's Gleis
zu bringen ($\delta\nu\nu\alpha\mu\epsilon\nu\delta\varsigma$ $\tau\epsilon$ $\pi\varrho\acute{\alpha}\gamma\mu\alpha\tau\alpha$ $\kappa\alpha\kappa\tilde{\omega}\varsigma$ $\kappa\epsilon\acute{\iota}\mu\epsilon\nu\alpha$ $\varphi\varrho\nu\acute{\eta}\sigma\epsilon\iota$ $\tau\tilde{\eta}$ $\acute{\epsilon}\alpha\nu\tauο\tilde{\nu}$
$\delta\iota\varrho\vartheta\acute{\omega}\sigma\alpha\sigma\vartheta\alpha\iota$).

[4]) b. Sabb. 15 a. : הילל ושמעון גמליאל ושמעון נהגו נשיאותן לפני הבית
מאה שנה.

[5]) Josephus, jüd. Krieg, 4, 3, 9.

und Halbheit, zumal bei den Leitern der Provinzen. Er ver-
anlasste es daher, dass ein Ausschuss von angesehenen Männern nach Galiläa gesandt wurde, um die gegen Josephus vor-
gebrachten Klagen zu untersuchen. Den Erfolg dieser Sendung
weiter hier zu berichten, ist nicht unser Zweck, uns liegt daran, die hohe Bedeutung Simon's in der Leitung der politischen Angelegenheiten damaliger Zeit nachzuweisen, um es
wahrscheinlich zu machen, dass er wohl als Haupt des Syne-
driums [1]), als Nasi, zu Anfang der Erhebung, in den ersten
zwei Jahren habe Münzen prägen können. Einen sichern Fin-
gerzeig zur Aufhellung dieser Schwierigkeiten würde ein voll-
ständiges Exemplar der Münze geben, welche de Saulcy in
einem der Schrift nach sehr mangelhaften Zustande veröffentlicht hat (s. oben S. 99. Nr. 33). Die Typen und die Aufschrift der einen Seite sind gleich den Kupfermünzen Eleasar's,
die der andern Seite zeigt, wie bereits oben erwähnt, nur
vereinzelte Buchstaben, die höchstens zu Vermuthungen, aber
zu keinem bestimmten Urtheil, das erst ein besseres Exemplar geben kann, uns veranlassen dürften.

　　Für die Anordnung der jüdischen Münzen, wie wir sie
versucht haben, können wir auch einzelne Zeugnisse aus den
thalmudischen Schriften beibringen und zwar besonders für die
Denkmäler der letzten zwei Erhebungen, von denen im Vergleich zur Vorzeit jene Schriften verhältnissmässig noch am
meisten zu erzählen wissen. Von den makkabäischen Münzen
ist bekanntlich keine Spur in allen nachbiblischen jüdischen
Schriften, bis zum Schluss des Thalmuds, ausser der bekann-

---

　　[1]) Vgl. Grätz (III, 350. 386.) und Scherira, epist. p, 2. ed. Waller-
stein, der ihn ebenfalls als Nasi betrachtet, vgl. Juchasin ed. Amst. 48 b. :
רבי שמעון בנו של ר׳ גמליאל הזקן גם הוא נשיא ישראל. Wenn wir nun auch
kein bestimmtes, geschichtliches Zeugniss meines Wissens dafür haben,
dass er den Namen „Nasi" geführt habe, so ist doch nach der oben angeführten thalmudischen Stelle (Sabb. 15 a.), dass er als Abkömmling eines
edlen Geschlechts (ʿO δὲ Σίμων ἦν ...... γένους δὲ σφόδρα λαμπροῦ, heisst
es bei Joseph. Leben a. a. O.), diesen Titel, so gut wie sein Sohn,
Gamliel, von dem wir gewiss wissen, dass er Nasi hiess, führte.

ten Stelle in dem Makkabäerbuche anzutreffen. Dagegen lassen sich manche Anführungen des Traditionswerks auf die Münzen zur Zeit der zwei Erhebungen beziehen. Betrachten wir diese Stellen nach der Reihenfolge des Alters jener Schriften.

In der Mischna haben wir keine Andeutung in dieser Hinsicht gefunden, in der nächsten Quelle, der Thosiphtha lesen wir gelegentlich der Auslösung des zweiten Zehnten (Ma'aser scheni c. 1, 5.) [1]: אין מחללין אותו לא על מטבע שמרוד ולא על מטבע שאינו יוצא ולא על המעות שאין ברשותו כיצד היו לו מעות כוזביות וממעות ירושלמיות אין מחללין אותו עליהן אם חלל לא קנו עליהן מעשר אבל מטבע היוצא משם מלכים הראשנים מחללין אותו עליהן „Man darf das Ma'aser scheni nicht durch die Münze des Aufstandes, nicht durch eine nicht gangbare, nicht durch Geld, in dessen Besitz man nicht ist, auslösen. Wie ist dies zu verstehen? Wenn man Kosiba'sches (Geld von Ben-Kosiba) oder jerusalemisches Geld [2]) hat, so darf man mit diesem nicht auslösen, und hat man es gethan, kein Ma'aser scheni dafür kaufen, jedoch mit dem von den früheren Königen gangbaren Gelde kann die Auslösung stattfinden."

Die zunächst in Betracht kommende Stelle des Thalmud Jeruschalmi (Ma'aser scheni 1, 2.) lautet: מטבע שמרד כגון בן כוזיבא אינו מחלל היו לו מעות של סכנה אתא עובדא קומי רבי איטי אמר יוליך הניוה לים המלח „die Münze des Auftandes, wie die des Ben-Kosiba kann nicht zur Auslösung verwandt werden, die der Gefahr soll nach dem Bescheide in einem dem R. Ime vorgekommenen Falle in's Salzmeer (steht für „Meer" überhaupt) geworfen werden."

Die babylonische Gemara (Baba kama 97 b.) führt die

---

1) Bei dem höchst traurigen kritischen Zustande der Thosiphtha haben wir von den Verbesserungen des R. Elia Wilna abzusehen, da dieser, trotz seines Scharfsinnes, sehr oft fehl gegriffen, indem er den Text häufig nach dem babylonischen Thalmud abänderte und dabei nicht selten Irrthümer beging.

2) Statt וממעות ist gewiss ומעות zu lesen, wie auch aus den andern gleich anzuführenden thalmudischen Stellen hervorgeht.

genannte Thosiphtha in folgender Form an: אין מחללין על המעות
שאינם יוצאות כיצר היו לו מעות כחביות ירושלמיות או של מלכים
הראשונים אין מחללין. „Man darf nicht auslösen durch nicht
gangbare Münze, z. B. durch Kosiba'sches, jurusalemisches
Geld [1]), oder durch das früherer Könige."

Wenn nun auch durch Vergleichung dieser Stellen sich zeigt,
dass der Text der Thosiphtha manche Corruption erlitten, so
ist doch wenigstens so viel sicher, dass Ben-Kosiba Geld geprägt, von diesem noch nach den nachmischnaitischen Zeiten
sich Ueberbleibsel erhalten, aber bereits keine Geltung gehabt habe.

Was haben wir aber unter dem jerusalemischen Gelde
und der Münze der Gefahr zu verstehen?

Das erstere finden wir noch an einer andern Stelle des
jerusalemischen Thalmuds (Kethub. 1, 2): אמר ר' יוחנן סלעים
סכורוניות מהגינות ירושלמיה. Es ist in dieser Stelle von der in der
Kethuba der Frau verschriebenen Summe, die nach der Ansicht einzelner Lehrer in heiligen Sekeln (nach tyrischem Gelde),
nach andern in irgend einer gangbaren Münze bestehen könne, die
Rede. Darauf wird von R. Johanan bemerkt, auch מהגינות, סבירוניות
und Jerusalemische Münzen genügten in diesem Falle.
Wenn wir auch im Unklaren sind, was die beiden ersten
Münzarten bedeuten [2]), so ist doch so viel gewiss, dass sie wie
die jerusalemischen nicht zu den ganz gangbaren gehören.
Dasselbe Resultat gewinnt man auch aus den früher angeführten Stellen, ohne dass man jedoch etwas Bestimmteres über
die jerusalemische Münze angeben könnte. Berücksichtigen

---

[1]) Eigenthümlich, wenn auch nicht begründet, ist die Ansicht
Lightfoot's (opp. omn. I, p. 452.) „ita dicti sunt, quod ejusdem pon-
deris et valoris forent cum moneta Hierosolymitana, non cum Tyria."

[2]) Wäre es nicht möglich סלעים נרוניות מהגמנות ירושלמיות „Neronische Denare von den jerusalemischen Anführern" zu emendiren?
Diese Conjectur scheint allerdings etwas gewagt, doch bei dem offenbar corrumpirten Texte wenigstens der Erwähnung werth. Dem Thalmud war doch ohnehin סלע נירונית „ein Denar Nero's" bekannt, vgl.
Baba Mezia 25, b.

wir daher noch eine andere Anführung im Thalmud (Bechoroth
50, a. Aboda Sara 52, b). Es heisst dort: בקשו לגנוז דינרא
של ירושלים טבעו מפני שיפא טוריינא הדריינא „man hätte gerne die
glatten Denare von Hadrianus Trajanus beseitigt, wegen der
auf ihnen geprägten Typen von Jerusalem“. Diese Stelle ist
nicht leicht verständlich. [1]) Wir möchten bis auf bessere Aufklärung sie also verstehen. Trajanus hat bekanntlich im Jahre
107 n. Chr. die bisher im römischen Reiche cursirende Silbermünze eingezogen, und um des dabei abfallenden Gewinnes
wegen [2]) neue ausgegeben, welche in Schrot und Korn nach
den Denaren seiner Zeit geprägt und mit der Restitutionsmarke
von Trajanus versehen waren. Wir müssen nun annehmen,
dass gewiss noch viele Münzen in Jerusalem und überhaupt in
Palästina aus den Zeiten des jüdischen Aufstandes unter Nero
mit dem Gepräge „Jerusalem“ (רושלם), oder den Typen, welche
Beziehungen auf den heiligen Tempel hatten, in Umlauf waren.
Bei dem Restitutionswerk Trajans sind diese gewiss nicht
übergangen und die so entweihten Münzen zu den umgeprägten (wohlpolirten, glatten [3]) verwandt worden; daher waren

---

[1]) Grätz (a. a. O. IV, S. 514.) glaubt, die Stelle müsse so verstanden werden, dass Hadrian (Trajan sei Adoptivname und שישא =
Σεβασιός) heilige Münzen Jerusalem's, etwa zum Tempelbau bestimmt,
profanirt und seinen Namen Hadrianus Trajanus Sebastos darauf
geprägt habe. So scharfsinnig auch diese Conjectur ist, so müssen
wir doch an dem שפא = Sebastos und an der Voraussetzung, dass
das Geld zum Tempelbau bestimmt gewesen sei, Anstoss nehmen.

[2]) Vgl. Mommsen: röm. Münzwesen, S. 758 fg. Dass die Mass-
regel nicht im ganzen Umfange ausgeführt worden sei, weist derselbe
Gelehrte a. a. O. nach, besonders drückte man da ein Auge zu, wo
sie keinen Gewinn abwarf.

[3]) So möchten wir das Wort שישא auffassen. Der Name שפא
heisst im Syrischen und Chaldäischen: glätten, poliren, glänzend, rein machen, daher auch שפא und שישי (im Syr.) eben,
glänzend (vgl. Bernstein, Lex. syr. ad chrestom. Kirsch. s. v.).
Diese Bedeutung passt recht gut zu Münzen, welche glänzend aus
der Münze hervorgegangen sind, während bei der alten herkömmlichen Bedeutung „abgerieben“, d. h. wenn die Präge gar nicht mehr

sie den Juden ein Stein des Anstosses, und sie hätten sie gerne
nicht gebraucht, wenn nicht ein Schriftvers (Ezechiel 7, 22)
ihrer Verlegenheit, die nothwendig aus dem Nichtgebrauch
einer so gangbaren Münze eintreten musste, zu Hülfe gekommen wäre. Wir halten übrigens auch in der oben angeführten Stelle die Worte „Hadrianus Trajanus", mit Grätz, als den
vollen Namen des Kaisers Hadrianus, wie er auf den von ihm
geprägten Münzen sich gewöhnlich nennt. Die von uns ange-
gebene Auffassung der thalmudischen Stelle findet ihre Bestätigung durch den Zusammenhang mit einer andern, mit der
sie an beiden Orten (Bechoroth und Ab. Sara) vorgetragen
wird. Zuvor lehrt R. ·Osija: „man hätte gerne des Gebrauches
von Gold und Silber sich enthalten, wegen des Goldes und
Silbers von Jerusalem (das, wie Raschi erklärt, zum grossen
Theil heilig gewesen)" und darauf, nach einem Einwand gegen diese Ansicht, folgt unsere Stelle. Kehren wir nach dieser Abschweifung zu den „jerusalemischen Münzen" zurück,
so sind wir der Ansicht, dass füglich keine andere als die zur
Zeit des Aufstandes unter Nero geprägten, welche, wie gesagt,
die Aufschrift tragen: „Jerusalem" und Typen, welche mit
dieser Stadt und dem Tempel in Beziehung gestanden haben,
gemeint sein können. [1] Eben dieselben aber bezeichnet das
in der Parallelstelle angeführte מעות של סכנה „das Geld der Gefahr". In der oben aus Baba Kama angeführten Stelle stehen
„Geld des Kosiba und jerusalemisches" als nicht gangbares
zusammen, also die Münze des ersten und die des zweiten
Aufstandes, für „jerusalemisches Geld" steht aber in der Stelle
des jerusalemischen Thalmuds Ma'aser scheni (1, 2) „Geld der
Gefahr", das demnach gleich jenem zu halten ist. Wird die
Zeit Ben-Kosiba's schlechthin: שמד שעת שמד oder דור של שמד ge-

zu erkennen ist, man keinen Grund hätte die Münzen zu verpönen, da
doch die Aufschrift ohnehin nicht mehr lesbar ist.

[1]) Dass die Stelle b. Kama 97 b. איזהו מטבע של ירושלים keine
Auskunft geben kann, ist leicht einzusehen. Wir kommen auf dieselbe
weiter unten Anhang II. S. 160. noch zurück.

nannt [1]), so auch die des ersten Aufstandes hin und wieder
die Zeit der סכנה; so z. B. Mischna Kethub. 9, 9: R. Simon
b. Gamliel lehrt: „von der Zeit der Gefahr an und weiter
(מן הסכנה ואילך) kann die Frau ihre Kethuba ohne Vorzeigung
des Scheidebriefes einlösen." Hier ist offenbar mit סכנה der
erste Aufstand der Juden, bei dem Simon b. Gamliel selbst
eine so thätige Rolle, wie wir oben gesehen haben, gespielt
hat, gemeint. [2])

Nach diesen Erörterungen dürfen wir um so eher an unserer Anordnung festhalten, da auch einzelne geschichtliche
Zeugnisse, ausser den Denkmälern selbst, für dieselbe sprechen.

b) Typen.

Die Typen unserer Münzen, auf die schon früher hin und
wieder aufmerksam gemacht worden ist, von denen wir aber
hier im Zusammenhange zu reden haben, sind ebensowohl
lehrreich für die Kunstgeschichte, als auch für die religiöse
Anschauung der Juden. So geringen Umfanges auch die Abbildungen sind, welche wir auf unsern Denkmälern wahrnehmen, so bestätigen sie doch, was wir überhaupt von der Kunst
der alten Hebräer zu urtheilen im Stande sind, dass nämlich
das beschränkende Verbot, Abbilder von Menschen und Thieren
anzufertigen, den bildenden Künsten Abbruch gethan hat [3]),
und vollends bei der ängstlichen Beobachtung der spätern

---

[1]) Vgl. Grätz a. a. O. IV, S. 526.

[2]) Vgl. auch Mischna Sabbath 19, 1. Warum aber das מעות של
סכנה so verpönt war, dass man gar keinen Genuss davon haben darf,
gleich den Dingen, welche zum Götzendienst verwandt worden sind,
ist den Commentatoren des Thalmud's bereits nicht mehr klar: auch
wir wissen keinen genügenden Grund dafür anzugeben.

[3]) Die Frage, ob überhaupt die Semiten von Hause aus Fähigkeit
und Neigung für die bildenden Künste besitzen, was von vielen Gelehrten verneint worden ist (vgl. z. B. Schnaase: Geschichte der bildenden Künste I, S. 326 fg., III, S. 255. und 321 fg.; Renan: histoire
générale des langues sémitiques sec. éd. p. 12 fg.: G. Baur: Geschichte
der alttestamentlichen Weissagung 1, S. 78 fg.), können wir füglich
an diesem Orte übergehen, da die Lösung dieser Frage noch von so

Zeit, die aus Opposition gegen die abtrünnigen Juden, welche
dem Griechen- oder Römerthum mit Hintansetzung der mo-
saischen Vorschriften gegen das Bilderverbot sich anzuschliessen
keinen Anstand nahmen, noch weit über die biblischen Vorschriften hinausging. So fand man in früherer Zeit die Che-
rubim an der Bundeslade [1]) ganz unverfänglich, ebenso das
eherne Meer, das zwölf eherne Rinder trugen [2]), die vierzehn
goldenen Löwen auf den Stufen von Salomo's Thron [3]), während
zur Zeit Herodes des Grossen die Eiferer das Volk aufhetzten,
die goldenen Adler, die der König an der grossen Pforte des
Tempels hatte anbringen lassen, herunter zu reissen (s. oben S.
69.), und die Aufstellung der römischen Fahnen [4]) durch Pontius
Pilatus die Juden in Jerusalem zur Verzweiflung brachte; wiewohl das heilige Land so manche Symbole des Heidenthums
hatte aufnehmen müssen [5]), so wollte man doch die heilige
Stadt und den Tempel von solchem Gräuel bewahrt wissen.
Auch das spätere Judenthum, nachdem die Gegensätze der
religiösen Anschauung sich mehr ausgeglichen hatten, ging

manchen Umständen, wie die Classification der Phönizier, Assyrer
und Babylonier unter die semitischen Völker und die weiteren Nach-
forschungen nach den Ueberresten hebräischer Kunst abhängt.
    [1]) 2 Mos. 25, 18 u. ö. 1 Kön. 7, 23. vgl. 2 Chr. 3, 7.
    [2]) 1 Kön. 7, 25. Josephus (Antiq. 8, 7, 5.) spricht im Geiste sei-
ner Zeit, wenn er Salomo wegen der Anfertigung dieses Kunstwerkes
und des Thrones mit den Löwen tadelt.
    [3]) 2 Kön. 10, 19. 2 Chr. 9, 19.
    [4]) Jos. jüd. Krieg 2, 9, 2. Freilich waren um diese Zeit an den
römischen Feldzeichen kleine Brustbilder der Kaiser angebracht und
diese gelten überhaupt den Römern als die Schutzgötter (numina);
auch die Kaiser wurden ja seit Augustus als Götter verehrt; vgl. auch
Ab. Sara 40 b.
    [5]) So war auch (Joseph. Leben c. 12.) das Haus des Tetrarchen
Herodes in Tiberias, das er mit Bildern lebender Wesen geschmückt
hatte (ζώων μορφάς ἔχοντα), zur Zeit des Ausbruches der Empörung
den Juden ein Gräuel und es wurde gänzlich zerstört. Selbst Josephus
theilte die Ansicht derer, welche in diesen Abbildungen eine Verletzung
des biblischen Bilderverbotes sahen; vgl. die kurz zuvor angeführte
Stelle Antiq. 8, 7, 5.

wiederum in Bezug auf das Anfertigen von Abbildern auf die
mildere Gesetzgebung der biblischen Schriften zurück. Es heisst
bei Maimonides, gestützt auf die Aussprüche des Thalmuds
(Rosch haschana 24, b. Synhedr. 7, a. Ab. Sara 42, b.): „Es
sind zur Zierde nur Abbilder von Menschen verboten in Holz
und Stein, sobald sie heraustreten, nicht aber, wenn sie
vertieft oder eingewirkt sind, ebenso darf man nicht ab-
bilden die Gestalt der Sonne, des Mondes, der Sterne und
der Himmelskörper, sowie der Engel nach den Worten der
heiligen Schrift (2 Mos. 20, 20), dagegen sind die Bilder der
Thiere, anderer lebender Wesen und der Bäume anzufertigen
gestattet, wenn auch jene hervortreten". Es versteht sich
jedoch von selbst, dass selbst die erlaubten Abbilder, sobald
sie zum Götzendienst angefertigt worden, verpönt sind.

Nach diesen Gesichtspunkten ist denn der Umfang der
Typen unserer Münzen, in Vergleich zu denen der Griechen
und Römer, ein verhältnissmässig beschränkter; grosse Man-
nigfaltigkeit ist hier nicht zu erwarten, meistens sind die Bilder dem Bereich der vegetabilischen Natur, aus dem auch
schon die althebräische Kunst und selbst das semitische Heidenthum gern Formen genommen [1]), oder von den Geräthen
des Tempels entlehnt, während die Menschengestalt, der Grund-
typus aller organischen Kunst, oder Formen der Thiere ganz
und gar vermisst werden. Unter den vegetabilischen Stoffen
treten besonders der Wein (sowohl die Traube als das Blatt),
die Palme und die Dattel als Münztypen hervor. Der Weinstock kam in ganz Palästina fort, und in solchem Ueberflusse
wuchs seine Frucht, dass beim ersten Tempelbau [2]) den Ty-
riern der Wein, beim zweiten [3]) ihnen und den Sidoniern geliefert wurde. Daher auch die Weintraube als Ornament auf

---

[1]) S. de Saulcy: essai sur l'art judaïque p. 157., 212. und 231.
Auch auf nordafrikanischen punischen Monumenten sind Ornamente
aus dem Pflanzenreiche sehr zahlreich, vgl. Judas: mémoire sur dix-
neuf inscriptions Numidico-puniques, Paris 1861. pl. XI. und Beulé:
fouille à Carthage, Paris 1861. pl. II.
[2]) 2 Chr. 2, 9. 14. — [3]) Esra 3, 7.

Münzen in Palästina, auch ausser den unsrigen, vorkam, so
auf denen von Philadelphia [1]) (Rabbath-Ammon), und der
Weinstock selbst im Tempel zu Jerusalem am Eingang der
Halle angebracht war, zur Aufnahme von Spenden, indem
man ein Blatt, eine Beere oder Traube (von Gold) daran hing [2]).
Wird doch selbst Israel mit dem Weinstock verglichen von
seinen Propheten (Hos. 10, 1. Ezech. 19, 10) und Sängern
(Ps. 80, 9) und so fand denn die Traube oder statt ihrer das
Weinlaub [3]) auf den Münzen leicht ihre Deutung.

Nicht minder, wie der Wein, wird die Palme mit ihrer
Dattelfrucht, besonders die Nussdattel, als Erzeugniss Palästina's gerühmt [4]), die vorzüglich in den Tiefthälern dieses
Landes (bei Jericho, Engedi) gedieh [5]) und gepflegt wurde.
Die Wahl dieser Pflanze auf unsern Münzen ist daher sehr
natürlich, so wie sie auch auf andern Münzen Judäa's [6]), und
phönizischen Münzen Siciliens und Nordafrika's häufig erscheint.
Auch in Verbindung mit der Myrthe, Weide und dem Ethrog
bildete der Palmenzweig den Feststrauss, welcher nach 3. Mos.
23, 40 am Laubhüttenfest in den Händen jedes Israeliten sein
sollte. „Und ihr sollt euch nehmen,‟ heisst es daselbst, „am ersten
Tage (des Festes) die Frucht vom schönen Baume, Dattelpalmen,
und Zweige vom dichtbelaubten Baume und Bachweiden, und

---

[1]) Münzen von Titus und Domitian von dieser Stadt haben Palme
und Weintraube, vgl. Mionnet a. a. O. V, p. 331 fg. und dessen Sup-
plement VIII, p. 232 fg. vgl. Eckhel a. a. O. III, p. 351.

[2]) Vgl. Mischnah Middoth 3, 8. Aristobul schenkte dem Pompejus einen goldenen Weinstock, der noch später in Rom zu sehen war,
s. Joseph. Antiq. 14, 2, 1.

[3]) Wetzstein (Reisebericht über Hauran und die Trachonen S. 113.)
findet auch in späterer Zeit Trauben und Weinlaubgewinde in sehr
grosser Menge, ja fast ausschliesslich als Ornament an Gebäuden und
Tempeln in Hauran.

[4]) Plin. XIII, 6.: Judaea vero inclyta est, vel maxime palmis. Ueber
die Dattel als Handelsartikel, s. Movers a. a. O. III, 232.

[5]) S. 1 Mos. 14, 7. 2 Chron. 20, 2. und Joseph. Antiq. 9, 1, 2.

[6]) Vgl. z. B. Münzen des Herodes Antipas bei Mionnet a. a. O.
V, S. 566 u. ö.

euch freuen vor dem Herrn eurem Gotte, sieben Tage." Nach der Tradition sollte die Myrthe (d. i. עץ עבת ענף עץ עבת) und Weide mit dem Palmenzweige (לולב) vereinigt zu einem Bunde in der rechten und der Ethrog (אתרוג = פרי עץ הדר) in der linken Hand getragen werden. Einen solchen Bund sehen wir auf den Münzen oben S. 44. Nr. 1—6, daneben den Ethrog, der aber auch allein auf der Münze Simon's des Hasmonäers sich findet (s. S. 44. Nr. 6). Auch der Palmenzweig allein zeigt sich uns auf einigen Münzen Giora's, S. 107. Nr. 10; er war ein Begleiter aller festlichen Aufzüge bei freudiger Veranlassung; so z. B. nach der Einnahme der Burg durch Simon (s. 1 Makk. 13, 51 vgl. Joh. 12, 13). Nach der Reinigung des Tempels durch Juda Makkabi heisst es (2 Makk. 10, 6 fg.): „und acht Tage lang feierte man, wie am Laubhüttenfest, und erinnerte sich, wie man noch vor kurzer Zeit das Laubhüttenfest in der Wildniss und in Höhlen, gleich wilden Thieren gefeiert habe. Und so trug man Laub und Palmenzweige und dankte Gott, der ihnen den Sieg verliehen seinen Tempel zu reinigen." — Der Palmzweig an der Seite eines kleinen Kruges mit Rundstab verziertem Bauch, ein Typus, den wir nach Seite 71. bereits auf den Münzen Herodes des Grossen, und dann auf denen Simon Giora's und Eleasar's angetroffen haben (s. S. 93 u. 89), scheint uns in Verbindung mit einem ceremoniellen Brauch im Tempel, mit dem Wassergiessen, das täglich geschah, aber am siebenten Tage des Laubhüttenfestes besonders feierlich mit Beleuchtung begangen wurde, zu stehen. Ein goldener Krug, drei Log enthaltend [1]), wurde aus der Siloah-Quelle gefüllt und sobald man mit ihm an das Wasserthor kam, blies man langgezogene und Jubeltöne, dann stieg der Priester damit die Rampe hinauf und wendete sich links, oben standen zwei silberne Becken etc. [2]). — Sicher aber weisen die Körbe mit Datteln und andern Früchten auf Simon, des Hasmonäers

---

[1]) Also von sehr kleinem Umfange.

[2]) S. Mischnah: Sukkah 4, 9.

Schrifttafel (zu Seite 140.)   1. Altaram

2. Althebräisch (Münzschrift).　　3. Samaritanisch.

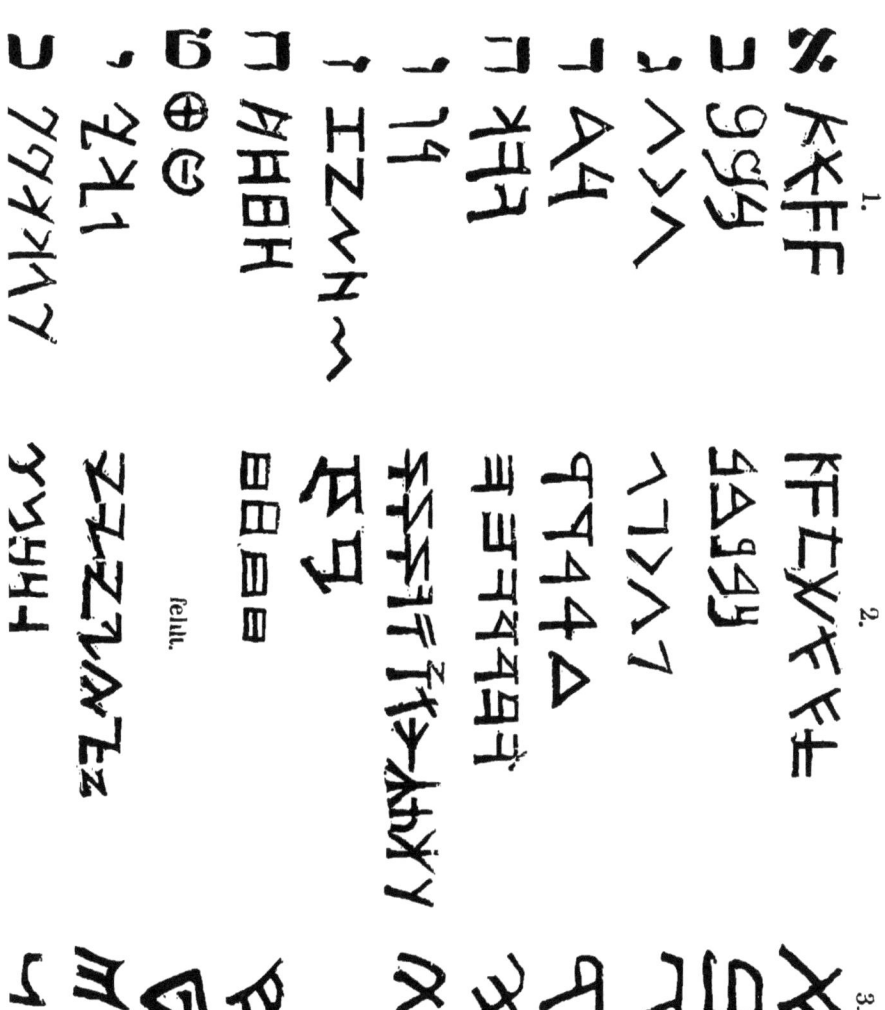

fehlt.

Münzen (s. S. 41. Nr. 4.) auf das Darbringen der Bikkurim [1]) hin, die man in Körben auf der Schulter nach dem Tempel brachte, wie dies die Mischnah [2]) noch nach eigner Anschauung in lebendiger Zeichnung beschreibt. — Die Schaale oder der Kelch auf den Sekelmünzen Simon's wurde seit Nachmanides [3]) gewöhnlich als Mannaflasche, und die dreitheilige Blüthe als der blühende Stab Ahron's betrachtet. Gewiss mit Unrecht, wie Cavedoni (a. a. O. I, S. 28) richtig bemerkt. In der Bibel (2 Mos. 16, 33) wird das Mannagefäss Zinzeneth (צנצנת) genannt, dessen Ableitung höchst wahrscheinlich von צן = צנן „aufbewahren" auf ein Gefäss mit Deckel schliessen lässt, während das auf unsern Münzen ohne diesen ist. Auch ist die Mannaflasche, welche neben der Bundeslade aufbewahrt werden sollte, zur Zeit Simon's nicht mehr am Orte, da doch jene nicht mehr vorhanden war. Eben dies liesse sich auch gegen die Bestimmung des blühenden Stabes Ahron's sagen, abgesehen davon, dass die dreitheilige Blume gar keine Aehnlichkeit mit den Mandelblüthen hat. Desshalb ist anzunehmen, dass das Gefäss irgend ein Geräth des Tempels, etwa einen Kelch, darstellen sollte. Einen Kelch, meint Cavedoni, ähnlich dem unserer Münzen, auf den goldenen Tisch des Heiligthums von Jerusalem gestellt und im Triumphe zu Rom getragen, sieht man zusammen mit dem goldenen Leuchter auf dem Triumphbogen des Titus dargestellt. In der Blume aber kann man eine Hyacinthe oder Lilie erblicken, nach den Worten der heiligen Schrift (Hosea 14, 6) „ich werde Thau Israel sein, und blühen wird es wie die Lilie".

Zur Erklärung anderer Typen wie Anker, Füllhörner, Schild und dergleichen ist schon früher das Nöthige gesagt worden, sie sind denen anderer Könige nachgeahmt, oder sie finden leicht ihre Deutung aus den Tempelgeräthen, wie Trompeten, Lyra, Urnen u. dgl.

---

[1]) 5 Mos. 26, 2., Jeremia 6, 9. Cavedoni (a. a. O. I, S. 37.) hat dies schon richtig erkannt.

[2]) Bikkurim 3, 2 fg.

[3]) Commentar zum Pentateuch a. a. O.

c) Schrift.

Die Schrift unserer Münzen hat in früheren Zeiten besonders Anstoss und Zweifel an die Aechtheit derselben erregt. Man fragte sich, wie sollten die Juden die Zeichen der Samaritaner, deren Schrift, wie man bei selbst flüchtiger Betrachtung herausfand, fast ganz dieselbe, wie die Münzschrift ist, zu ihren heiligen Sekeln verwandt haben? Hielt man dieser Frage entgegen: kann denn die Schrift der alten Hebräer selbst oder der spätern Juden zur Zeit der Makkabäer und weiter hinab bis zur Empörung Ben-Kosiba's nicht jene Form gehabt haben, wie sie uns auf den Münzen begegnet? so wies man auf unsere Quadratschrift hin, welche in ihren Formen doch so geringe Aehnlichkeit mit der Münzschrift habe. — Nachdem nun aber die Aechtheit der Münzen unzweifelhaft erwiesen und demgemäss die Schrift derselben eben so gewiss die alt-hebräische ist, liegt es uns ob nachzuweisen, wie diese sich zu unserer Quadratschrift verhält, oder wie diese aus jener abzuleiten sei.

Die Buchstabenschrift, deren sich die meisten Culturvölker der Vor- und Jetztzeit bedient haben und noch bedienen, ist, wie jetzt allgemein angenommen wird, von Babylon ausgegangen [1]). Auch die Hebräer, bei denen der Gebrauch der Schrift in uralter Zeit vorauszusetzen ist, haben diese dem mesopotamischen Culturlande entlehnt, doch fehlen uns Monumente, welche uns von der Form der althebräischen Zeichen Kunde geben. Bis auf einzelne Siegelsteine [2]), von denen einige etwas höher hinauf als unsere Münzen datiren, sind diese die einzigen Monumente aus alter Zeit, welche uns die Schrift der Hebräer vor Augen führen, und wenn auch die ältesten erst von dem zweiten Jahrhundert vor Chr. datiren, so zeigen doch die Buchstaben, trotz ihrer Jugend, in Vergleich mit den semi-

---

[1]) Vgl. in Kürze unsere Bemerkungen in der Zeitschrift der deutschen morgenl. Gesellschaft IX, S. 475. Anm. 17.

[2]) Ausführlicher haben wir über dieselben gesprochen in der genannten Zeitschr. XI, S. 318 fg. und in dem Jahrbuch für die Geschichte der Juden, II, S. 263 fg.

tischen Schriftzeichen auf den mesopotamischen Denkmälern,
die zum Theil über das achte Jahrhundert hinausreichen [1]), die
grösste Aehnlichkeit mit diesen, so dass man die althebräische
Schrift eine ächte Tochter der Babylonischen nennen kann,
welche ohne Vermittelung der Phönizier, welche so manchen
Völkern den Gebrauch der Buchstabenschrift zugeführt haben,
zu den Hebräern gelangt ist, was bei der lebhaften Verbindung
der Euphratländer mit Palästina gar nicht auffallen kann. Es
muss freilich dem so grossen Abstand der Zeit bei Vergleichung der Schriftzüge Rechnung getragen werden, eine völlige
Gleichheit wäre ganz unmöglich, weil jede Schrift im Laufe
von Jahrhunderten sich mannigfach durch häufigen Gebrauch
und durch die Neigung zum Cursiv verändert, wie wir dies
an unsern lateinischen und griechischen Charakteren, welche
ebenfalls von den babylonischen abstammen, deutlich nachweisen können; doch sind die Veränderungen nicht in dem
Grade, dass die Töchter der Mutter gar nicht mehr ähneln
sollten, vielmehr trägt gerade das althebräische Alphabet noch
die deutlichsten Spuren seiner Abstammung an sich, ja einzelne Zeichen sind noch völlig identisch mit jenen uralten, was
sich aus der Ehrfurcht der Juden vor den Ueberlieferungen
der Vorfahren erklären lässt. Hätten wir Monumente, welche
die allmälige Entwickelung der Schrift bei den Hebräern
und Juden aufzeigten, so wäre der Nachweis der Abstammung
natürlich mehr erleichtert, aber auch so ist er für Jeden, welcher sich einigermaassen mit der Schriftkunde der Vorzeit
(Paläographie) bekannt gemacht hat, zu führen. Ein Blick
auf die beifolgende Schrifttafel wird unsere Behauptung recht-
fertigen. [2])

Sie enthält in erster Reihe das Alphabet, das aus den
Inschriften auf den genannten uralten Denkmälern Babylonien's
und Assyrien's gezogen ist, und das wir als das älteste altsemi-

---

[1]) Vgl. über diese Denkmäler unsere phönizischen Studien, II,
S. 21—41.

[2]) S. S. 136. und 137.

tische betrachten können; in der folgenden das unserer Münzen [1]), in der dritten ein samaritanisches, wie es uns ein Stein, welcher bei Nablus, dem alten Sichem, gefunden und die zehn Gebote in verkürzter Form enthält, bietet. Dieses Monument geht mindestens über die Zeiten Justinians (regiert von 527— 565) hinaus und seine eingegrabenen Buchstaben zeigen deutlich, wie die Münzschrift sich weiter entwickelt, bis sie die Form der Buchstaben in den ältesten uns erhaltenen samaritanischen Codices erreicht hat. Diese hat eine so auffallende Aehnlichkeit, besonders in den Formen des erwähnten Steines, mit der Münzschrift, dass man sich nicht verwundern darf, wenn man diese früher die samaritanische genannt hat [2]), wiewohl es unzweifelhaft ist, dass diese Schrift erst von den

---

[1]) Wir haben nur die wesentlichsten Formen berücksichtigt und dabei zum grössten Theil die Münzabbildungen in dem oft genannten Werke von de Saulcy benutzt. Es sind alle Buchstaben des hebräischen Alphabets gefunden, bis auf Teth und Samech, zuletzt das Sain durch die Veröffentlichung von de Vogüé a. a. O. Wir glauben, dass unsere Tafel den Lesern nicht unwillkommen sein dürfte, da bis jetzt keine existirt, welche die neuern Monumente benutzt hat, und selbst Cavedoni, dem de Saulcy's Werk doch vorlag, die Tabelle von Bayer für seine Abhandlung abgedruckt hat. Merkwürdig ist jedenfalls die Schrifttafel bei Asarja de Rossi in seinem Meor Enajim a. a. O., besonders in der alten Mantua-Ausgabe, da sie Formen enthält, wie die des Sain, Phe und Samech, welche noch nicht auf Münzen gefunden sind. Das erste Zeichen, welches, wie erwähnt, erst kürzlich bekannt geworden, ist ganz ähnlich dem von de Rossi. Dieser giebt als Quelle ein Werk eines christlichen Autors ohne Namensangabe an. Es wäre wohl wünschenswerth den Verfasser zu ermitteln. — Für unsere Schrifttafel müssen wir noch bemerken, dass Samech und Phe, weil sie, wie gesagt, auf den Münzen sich noch nicht gefunden haben, nicht aufgeführt werden konnten. — Auch auf dem Rosen'schen Stein ist kein Sain und Samech vorhanden; das Teth ist von einem zweiten nicht viel jüngern, dessen Inschrift Rosen a. a. O. mitgetheilt, genommen.

[2]) Nach Wilson (the lands of the Bible I, S. 75.) nennen noch die heutigen Samaritaner ihre Buchstaben 'Ebri oder 'Ebreni, die Quadratschrift aber el-Aschuri.

Juden zu den Samaritanern gelangt ist und seit ihrer Trennung
sich weiter modificirt hat.

Schwieriger aber ist der Nachweis zu führen, wie sich
unsere Quadratschrift, oder die jüngere hebräische Schrift, aus
der althebräischen, der Münzschrift, entwickelt habe. Dieser
ist jedoch aus Mangel an Quellen nicht ohne Schwierigkeit zu
bewerkstelligen. Der älteste Codex der Bibel, welchen wir
besitzen, ist der in Odessa befindliche, und datirt vom Jahre
918 n. Chr. [1]), das jüngste Denkmal althebräischer Schrift —
von den Siegelsteinen kennen wir kein genaues Datum — sind
die übergeprägten Münzen von Ben-Kosiba im ersten Drittel
des zweiten Jahrhunderts, es liegen mithin acht Jahrhunderte
zwischen den Denkmälern des Alt- und des Neuhebräischen,
während welcher Zeit wir die allmälige Entwickelung von
der einen zur andern Schriftart nachzuweisen ausser Stande
sind. Eine einzige Unterbrechung des langen Schweigens sind
die hebräischen Inschriften auf Topfgefässen, welche der englische Reisende Layard in den Ruinen bei Ninive aufgefunden
und die nach unserer Ansicht [2]) zum Theil bis ins 7. Jahrhundert hinaufreichen, und die wohl beachtet zu werden verdienen; weniger nützlich sind die Alphabete, welche sich zuweilen in lateinischen, griechischen und arabischen Codices [3])
finden, weil sie durch die Unwissenheit der Abschreiber in der

---

[1]) S. Pinner: Prospectus der der odessaer Gesellschaft gehören-
den ältesten hebräischen und rabbinischen Handschriften, Odessa
1845. — Wenn Herr Dr. M. Heidenheim (in der Vierteljahrschrift für
englisch-theolog. Forschung 1861, S. 259 fg.) einen Codex der Propheten aus dem 6. oder 8. Jahrhundert nachweisen will, so ist er in
grossem Irrthum, wie sich leicht zeigen lässt.

[2]) S. über diese Denkmäler unsere Abhandlung in der Zeitschrift
der d. m. G. IX, S. 465 fg.

[3]) S. Gesenius Geschichte der hebräischen Sprache und Schrift,
S. 177., Kopp Bilder und Schriften der Vorzeit II, §. 24 fg. und Zeitschrift für Kunde des Morgenlandes V, S. 211 fg. Das am letzteren
Ort gegebene Alphabet scheint uns noch im Ganzen ziemlich treu copirt zu sein, die Formen sind zum Theil denen auf den Topfgefässen
ähnlich.

Regel sehr entstellt worden. Da uns nun die sichern Wegweiser bei unserer Untersuchung der Entwickelung der althebräischen zur neuhebräischen Schrift (Quadratschrift) fast
gänzlich fehlen, so wollen wir die traditionellen Angaben über
diesen Punkt um Aufklärung angehen. Aus den verschiedenen
Ansichten, welche sich über diesen Gegenstand in den thalmudischen Werken finden [1]), lässt sich etwa Folgendes abnehmen:
1) die Quadratschrift ist durch Esra nach dem Exil eingeführt,
nachdem Mose die Thora in althebräischer Schrift gegeben hat.
2) sie war von den ältesten Zeiten in Gebrauch, ist aber, als
Israel gesündigt hatte, verändert und von Esra wieder eingeführt worden. 3) sie ist stets dieselbe geblieben. Man be-
denke, dass die letztere Ansicht auf eine Autorität, Elieser
aus Modaïm, auf einen Zeitgenossen Ben-Kosiba's zurückgeführt
wird, und dass also die Tradition, bei ihren Widersprüchen
und geringer Klarheit, die sich selbst bis auf die Erklärung
des Wortes Aschurith erstreckt, die Abwesenheit der Monumente nicht ersetzen kann, um die Entwickelung der Schrift
aufzuhellen. Auch die Schüler der thalmudischen Lehrer Origines
und Hieronymus (bei Monfaucon, Hexapla I, S. 86 u. II, S. 94,
vgl. auch ersteren zu Ezech. 9, 4), welche aus derselben
Quelle, der Tradition geschöpft haben, können den Gegenstand
nicht aufklären.

Dennoch aber geht aus diesen unklaren Berichten so viel
hervor, dass eine dunkele Ahnung von einer Einwirkung assy-
rischer oder vielmehr babylonischer [2]), semitischer Schrift, wie
sie die Juden während des Exils kennen gelernt haben, vorhanden war. Zunächst freilich nur auf die Ausbildung zum
Cursiv — denn eine plötzliche Umwandlung der Schrift

---

[1]) S. Mischnah Megilla 1, 8. und Jedaj. 4, 5. Thosiphtha Sanhedr.
c. 4. Thalm. jerusch. Megilla 1, 9. und b. Sanhedr. 21 a. Wir haben
es für diesen Ort als überflüssig erachtet alle die Stellen hierher zu
setzen; ausführlich hat darüber gesprochen Herzfeld a. a. O. II, S. 76 fg.

[2]) Assyrien wird oft auch bei nicht jüdischen Schriftstellern für
Babylonien gebraucht, s. die vollständigen Belege bei Kopp: Palaeo-
graphia critica III, §. 110.

überhaupt ist undenkbar — wie die Juden es bei der assyrischen Schrift, die wie jede aus alter Zeit sich herschreibende zum Cursiv sich hinneigt, und wie wir dies an den uns erhaltenen Denkmälern noch wahrnehmen können, zu beobachten Gelegenheit fanden. Diese Neigung zum Cursiv-Charakter tritt offenbar schon hervor bei den jüdischen Münzen, noch mehr aber bei den oben erwähnten Siegelsteinen [1]). Gegen das Ueberhandnehmen einer solchen Schreibweise, welche der Klarheit und Deutlichkeit der Buchstabenformen Eintrag zu thun drohte [2]), trat jedoch bald in den Schulen der Pharisäer eine Reaktion ein. Zum Schreiben heiliger Dinge, wie Tephillin (Phylakterien), Mesusoth und Sifre Thoroth durfte man nur eine sorgfältige, klare Schrift anwenden, und bei den letztern war noch ausserdem מוקף גויל (d. h. jeder Buchstabe musste von Pergament umgeben, er durfte nicht mit dem andern verbunden sein) erforderlich, so dass die Schrift eine כתיבה תמה vollkommene, vollständige sei (vgl. b. Sabb. 103, b). Als dann später, als nothwendige Folge jener Bestimmung, auch Worttrennung eingeführt wurde, so benutzte man zu grösserer Deutlichkeit zu diesem Zwecke die fünf Buchstaben ן ף ן ם ך (das sind die alten Formen [3]) der gleichnamigen Buchstaben), die als Endbuchstaben, wahrscheinlich auch nur

---

[1]) Hier sind sogar schon Ligaturen wahrzunehmen; bei den Münzen sind mehrere Köpfe bei Beth, Kaph, Nun und Resch bereits geöffnet, und der Schaft bei den drei ersten und beim Mem schon umgebogen. Beim Gebrauch der Schrift für gewöhnliche Zwecke des Lebens — Münzen, heilige Sekel haben immer noch eine heilige Bestimmung — fand gewiss schon früher eine Hinneigung zum Cursiv statt, wie wir Aehnliches von der griechischen und arabischen Schrift (dem Neskhi) jetzt wissen.

[2]) Schon Hieronymus (prolegg. ad Ezech. 20. opp. III, 542.) klagt über die Kleinheit und Undeutlichkeit der hebräischen Schrift, eine Klage, die ihre volle Bestätigung findet, wenn man nur einen Blick auf die Schrift der genannten von Layard gefundenen Schaalen mit Zaubersprüchen wirft.

[3]) Daher die Einführung nach der Tradition auf die Sopherim zurückgeführt wird.

allmälig [1]) Eingang fanden, während bei profanen Schriften
Cursivschrift, auch ohne Endbuchstaben und Worttheilung in
Gebrauch blieb und erst sehr spät auch diese zwei letztern
Bestimmungen Eingang fanden, ohne dass die Schrift ihren
Cursivcharacter (z. B. Ligaturen) ganz aufgegeben hätte [2]). Dass
aber im zweiten Jahrhundert n. Chr. schon Quadratschrift,
wiewohl nicht ausschliesslich [3]), im Gebrauch war, ist höchst
wahrscheinlich; die spätere Tradition läst also Esra in einem
einmaligen Akte das vollführen, was im Laufe der Zeit sich
erst allmälig entwickelte.

Als Resultat unserer Untersuchung stellt sich nunmehr
heraus: Die Quadratschrift ist eine aus der althebräischen hervorgegangene kaligraphische Schrift, die,
durch gesetzliche Bestimmungen in ihrer Entwickelung aufgehalten, bei heiligen Schriften angewandt
werden musste. Ihr zur Seite ging für profane
Zwecke eine ihr ähnliche, zum Cursiv immer-
mehr sich ausbildende, welche die Züge der althebräischen Formen treuer bewahrte. ·Somit führt
unsere Münzschrift mit Recht den Namen althebräische,
trotzdem sie nicht auf den ersten Blick der Quadratschrift vollkommen ähnlich ist [4]).

---

[1]) Vgl. Jer. Megilla 71 d. ed. Krakau: תורות הראשנים לא היה הא
שלהם ולא מם שלהם סתום הא סמך סתום.

[2]) So finden wir auf den mehrfach erwähnten Gefässen bei Nr. 1.
(bei Layard) noch keine strenge Anwendung von Finalbuchstaben und
keine Worttrennung, während auf den andern die erstere beobachtet
wird. Auf Nr. 5., die eine unserer Quadrat- ganz ähnliche Schrift hat,
findet sich sowohl Worttrennung, wie Finalbuchstaben.

[3]) Wie Hoffmann: gramm. syr. p. 63. glaubt; die Stelle Matthäus
5, 18. erklärt sich ganz gut aus dem hebräischen Alphabet der Pro-
fanschriften.

[4]) Der Nachweis aber, wie die Quadratschrift sich auf die althebräischen, resp. auf die altsemitischen Formen zurückführen lässt,
ist nicht so schwer zu geben, muss jedoch für einen andern Ort aufge-
spart werden, da in einer populären Geschichte der jüd. Münzen
uns dies zu weit führen würde. Uebrigens sind die palmyrenischen,

Eine andere Frage aber muss hier noch zum Schluss berücksichtigt werden. Wie kommt es, dass in unserer Münzschrift, welche sich auf Dokumenten vom Jahre 112 v. Chr.
bis 135 n. Chr. findet, gar keine oder doch sehr unmerkliche
Veränderungen [1] wahrzunehmen sind? Ein Zeitraum von nicht
ganz dreihundert Jahren ist bei paläographischen Untersuchungen ein noch zu kurzer, als dass sich in den während desselben abgefassten Schriftzeichen, besonders wenn sie von so
geringem Umfange wie Münzlegenden sind, eine auffallende
Veränderung wahrnehmen lässt [2]. Zudem hat man sich wohl
zur Zeit des neronischen Aufstandes so eng wie möglich an
die Formen der hasmonäischen Münzen gehalten, weil jene
Zeit in bestem Andenken bei den Zeitgenossen Simon's und
Eleasar's stand. Vollends ist eine vollständige Nachahmung
bei den Münzen Ben-Kosiba's vorauszusetzen, wie wir nach
den oben geführten Untersuchungen behaupten dürfen. Es
kann daher wohl einem Zeitgenossen Ben-Kosiba's, dem Elieser
aus Modaïm der Ausspruch in den Mund gelegt werden (vgl.
Synhed. 22, b) „das Aschurith habe sich gar nicht verändert",
die Denare, Tetradrachmen, Dupondien u. dgl., die mit Simon
Giora's Stempel umgeprägt wurden, waren den Juden zur Zeit
Ben-Kosiba's recht gut bekannt, und konnten wohl in Curs

---

die sogenannten ägyptisch-aramäischen Alphabete (s. Gesenius mon.
ling. Phoen. tab. 4. und 5.) und die nabathäischen Inschriften der
Sinaihalbinsel (s. über diese unsere Abhandlung Zeitschr. d. d. m.
Gesellsch. XIV, S. 363 fg.) gute Wegweiser, um die Entwickelung
aus den altsemitischen Formen zu zeigen.

[1] Das Waw z. B. auf den Sekelmünzen Simon's, des Hasmonäer's, hat eine etwas andere Form als auf den übrigen Münzen.

[2] Ein einzelnes Beispiel mag für diesen Ort genügen. Die palmyrenischen Denkmäler aus dem ersten und dritten Jahrhundert n.
Chr., zeigen selbst nach den bessern Abschriften, fast gar keine Veränderung, vgl. z. B. die Inschrift bei Kopp (Bilder und Schriften) II,
S. 133. vom Jahre 49 n. Chr. mit der S. 251. vom Jahre 233. und
S. 256. vom Jahre 222. Aus andern Monumenten, besonders phönizischen Münzen, lässt sich ein Gleiches beweisen.

kommen, wenn man auch im gewöhnlichen Leben sich nicht mehr der auf diesen Münzen ausgeprägten Schrift bediente.

d) Gewicht.

Ehe wir einige Bemerkungen über das Gewicht der jüdischen Münzen geben, müssen wir noch aus der ältern Zeit das Verhältniss der Mine zum Sekel zu erörtern versuchen. Wir haben bereits oben (vgl. S. 13) den relativen Werth des Kikar zum Sekel und des Sekels zum Beka und Gerah durch gelegentliche Angaben der heiligen Schrift festzustellen vermocht. Ueber das Verhältniss aber der Manah (Mine) zum Sekel sind wir in Ungewissheit gelassen. Ist es aber unzweifelhaft festgestellt, dass Maass und Gewicht aus Babylon stammen, so müssen wir wenigstens den Versuch zu machen uns nicht verdriessen lassen, die uns in neuerer Zeit überkommenen Denkmäler aus diesem Lande um Aufschluss anzugehen, ob hier vielleicht eine Werthbestimmung der althebräischen Mine zum Sekel sich ermitteln lässt. Bekanntlich hat man auf der Stätte, wo das einst so berühmte Ninive gestanden hat, in unsern Zeiten Nachgrabungen angestellt und ganze Paläste und andere Gebäude mit den grossartigsten Sculpturen an's Licht gefördert. Der englische Consul Rich war der erste, welcher das Interesse für die merkwürdigen Ruinen, welche sich an den Dämmen des Tigris hinziehen, erregt hatte, und nicht lange währte es, bis eine französische Expedition unter Botta und eine andere unter dem Engländer Layard die besten Erfolge ihrer Nachgrabungen erzielten. Der letztere hatte besonders das östliche Ufer des Tigris bei Nimrud, einige Meilen unter Mosul zum Gegenstande seiner Untersuchungen gemacht, und seiner Begeisterung und Thatkraft verdankt die Wissenschaft neben Botta die grossartigsten Entdeckungen. Wie alt die Paläste und Gebäude zu Nimrud, welche Layard auffand, sein mögen, kann man daraus schliessen, dass jene zum Theil durch Brand zerstört und viele hunderte von Jahren (v. Chr.) die darüber gelagerte Erde zu Leichenäckern benutzt worden, so dass seine Annahme, dass die ältesten Gebäude von 1200 v. Chr.

10 *

her datiren, nicht zu hoch gegriffen scheint. Unter den mannigfachen Kunstgegenständen, welche in dem nordwestlichen Palast zu Nimrud aufgefunden worden, heben wir für unsern Zweck die bronzenen und marmornen Gewichte in Form von Löwen und Enten hervor [1]), weil sie ohne Zweifel als Normalgewichte des alten Assyrien und Babylonien betrachtet werden können, schon desshalb, weil der Ort der Aufbewahrung, der königliche Palast, die Wichtigkeit, die man denselben beimass, anzeigt, sowie denn auch bei den Griechen und Römern die Normalgewichte an vorzüglich geschützten oder geweihten Orten aufgehoben worden sind. — Im Ganzen werden nun 15 bronzene Gewichte von Layard und Norris näher beschrieben, die zum grossen Theile mit altaramäischer (oder nach herkömmlicher Bezeichnung: phönizischer) Schrift und Keilzeichen versehen sind. Jene hat die alterthümlichste Form, die mir vorgekommen ist, ähnlich der auf babylonischen und assyrischen Cylindern, wie oben S. 140 erwähnt worden. Sie steht entweder auf der Seite oder Basis des Löwen, wie die vorliegende Figur zeigt [2]):

[1]) S. Austen H. Layard: Discoveries in the ruins of Niniveh and Babylon, London 1853, p. 601 fg. Die Inschriften auf den Gewichten sind noch besonders behandelt und abgebildet in dem Journal of the royal asiatic society of Great-Britain, Vol. XVI, p. 215 fg. Durch eigene Anschauung sind wir im Stande die dort von dem gelehrten Norris geführten Untersuchungen über die Lesung der sogenannten phönizischen Inschriften theilweise zu berichtigen.
[2]) Die hier gezeichnete Figur, von einem der kleinsten Gewichte,

Es sei uns gestattet auf diese merkwürdigen Denkmäler, besonders auf die Aufschriften etwas näher einzugehen.

Nr. 1. (wir halten die Bezeichnung von Norris bei) hat die Aufschrift auf der Seite der Basis:

חמשת עשר מנן

d. h. „funfzehn Minen", und auf der Seite des Löwen:

ארקא [בז]ין ‖ ‖‖‖ — מנן

d. h. „15 Minen Landesgewicht". [1]

Nr. 2. hat auf der Seite der Basis:

חמשא

d. h. „fünf", auf der Basis selbst:

ארקא [י]בז ‖ ‖‖‖ מנן

d. i. „fünf Minen Landesgewicht". In Keilschrift ebenso „fünf Minen" nach Norris Lesung.

Nr. 3. Auf der Seite der Basis:

ש[ל]שא מ]נה] [ט]ל[ך

d. i. „drei Minen königliches Gewicht" [2]); und auf der des Löwen:

_____

ist mit einem Griff versehen, der bei den meisten von Hause aus nicht vorhanden war. Die Inschrift ist von uns ganz willkürlich von einem der andern Gewichte genommen, um den Lesern eine ungefähre Anschauung der Schrift auf diesen Denkmälern zu bieten.

[1]) Die Zahlzeichen sind ganz dieselben, wie im Phönizischen, ganz natürlich, da die Phönizier nach unserer Ansicht, sowohl die Schrift, wie die Zahlzeichen, aus Babylon erhalten haben. Die Einer werden durch einen lothrechten, die Zehner durch einen wagrechten Strich ausgedrückt, erstere gewöhnlich in Gruppen von drei. Das Wort ארקא, dessen Lesung unzweifelhaft fest steht, ist das alt-aramäische, das wir aus dem Propheten Jeremia in dem bekannten Verse (10, 11.) bereits kennen, wofür in späterer Zeit ארעא gebraucht wird. Das Wörtchen יִ ist noch auf den andern Gewichten anzutreffen, aber bisher noch nicht erkannt worden. Wir haben dasselbe als rückzielendes Fürwort auch auf altassyrischen Gemmen und Siegeln, auf ägyptischen Papyrus, auf Satrapenmünzen (vgl. unsere phönizischen Studien a. a. O. II, S. 26.) und noch neuerdings auf einem Gewichte, über das wir sogleich sprechen werden, gefunden. Es steht für das chaldäische דִי, zuweilen jedoch, wie an unserer Stelle, hat es die Bedeutung des hinzeigenden Fürworts.

[2]) Vgl. אבן המלך (2 Sam. 14, 26.) „königliches Gewicht."

מן ‖‖ בזן[י] ארקא

„drei Minen Landesgewicht", in Keilschrift: „drei Minen."

Nr. 4. Auf der Basis:

שנ ..... מלך

„zwei (Minen) königliches Gewicht", und auf der Seite:

מנן ‖ ב

זי ארקא

„zwei Minen Landesgewicht". In Keilschrift soll zu lesen sein: „der grosse Sanherib [1]) (König von Assyrien), 2 Minen königliches Gewicht."

Nr. 5. hat nur eine Inschrift:

מנן ‖

זי מלך

„zwei Minen des Königs" und in Keilschrift: „der grosse Salmanubar, König von Assyrien, zwei Minen königliches Gewicht."

Nr. 6. hat keine aramäische Inschrift, nur die Zeichen von 2 Minen; die Keilzeichen geben: „Tiglath Pileser" und vielleicht „Babylon." Bemerkenswerth ist, dass dieses, sowie Nr. 10. und 11. die Hälfte des Gewichts, das man nach den Zeichen erwartet, enthalten, daher Norris glaubt, dass die babylonische Mine die Hälfte der assyrischen sei.

In Nr. 7. ist keine Inschrift mehr zu erkennen, dagegen Nr. 8. hat auf der Basis:

מנה מלך

„eine Mine des Königs" und auf der Seite:

מנה

„eine Mine" und drei Reihen Keilschrift, deren erste verlöscht ist, die zweite giebt „König von Assyrien" und die dritte „eine Mine des Königs."

Nr. 9. hat:

סנב[?] ו ארקא

---

[1]) J. Brandis (der historische Gewinn aus der Entzifferung der assyrischen Inschriften, S. 113, Anm. 2.) liest: „Palast des Sanherib, 2 Manah des Königs."

das ich nicht zu deuten vermag; das Gewicht ist viel leichter als das einer Mine. Auch die Keilschrift ist nicht mehr deutlich zu lesen.

Nr. 10. und 11. haben beide:

מנה מלך ו

„eine Mine des Königs", ebenso in der Keilschrift, jedoch der Name des Königs ist nicht mehr erkennbar.

Bei Nr. 12. sind die aramäischen Zeichen nicht leicht zu deuten, ob קדש, wie Norris meint, zu lesen sei, ist mir noch zweifelhaft, da das Kuf nicht die gewöhnliche Form hat, jedenfalls ist das Gewicht gleich dem vorigen eine Mine [1]).

Nr. 13. hat deutlich:

רבע ארקא

d. i. „ein Viertel (Mine) Landesgewicht", und in der That stimmt dazu auch das Gewicht. In den stark verwischten Keilzeichen will Norris den Namen Sanherib erkennen.

Nr. 14. hat an zwei Stellen:

חמש

„ein Fünftel", und dazu stimmt auch das Gewicht.

Nr. 15. ist sehr schwer zu lesen, das Gewicht ist ungefähr nicht ganz der neunzehnte Theil einer Mine.

Ausser diesen bronzenen Gewichten sind noch andere, marmorne, aufgefunden, welche im Gewicht mit den babylonischen übereinstimmen, während die meisten bronzenen das assyrische haben. Dieses ergiebt nun mit Sicherheit für das Talent 15744 englische Gran und für das babylonische die Hälfte 7872 [2]).

Nach dieser Berechnung stimmen aber die Theilungs-

---

[1]) Die Keilschrift liest Brandis (a. a. O.) „das Reich des Sanherib, Königs von Assyrien."

[2]) Die Berechnung ist hier durchschnittlich, da man bei dem hohen Alter der Gewichte einen Verlust in Rechnung bringen muss. Nr. 1. = 15 Manah wiegt: 41 Lbs., dies gäbe das englische Pfund zu 5760 Gran gerechnet: 236160 und dies durch 15 = 15744 englische Gran. Auch die übrigen genau gewogenen Gewichte stimmen vollkommen, wie man dies bei Norris a. a. O. nachlesen kann.

werthe der hebräischen Mine zum Sekel, wie man sie nach
den verschiedenen Ansichten festgestellt hat, nicht; sei es,
dass wir sie zu hundert, sechzig oder funfzig Sekel veranschlagen; denn ist die assyrische Mine nach der vorangehenden Annahme = 15741 engl. Gran, so ist ein Sekel:

$$= \tfrac{1}{100} = 157,44 \text{ Gr.}$$
$$= \tfrac{1}{60} = 262,4 \text{ -}$$
$$= \tfrac{1}{50} = 314,88 \text{ -}$$

die babylonische aber ergiebt 7872 engl. Gran, also 1 Sekel

$$= \tfrac{1}{100} = 78,72 \text{ Gr.}$$
$$= \tfrac{1}{60} = 131,2 \text{ -}$$
$$= \tfrac{1}{50} = 157,44 \text{ -}$$

Der Sekel aber des Makkabäerfürsten Simon hat, wie wir
früher gesehen haben, 224 engl. Gran, und wenn die oben
aufgestellte Vermuthung begründet ist, dass dieser Werth nach
einem von Alters herkömmlichen bemessen worden sei, so
stimmt er mit keinem der gefundenen; noch am nächsten kommt
man bei der Eintheilung der Mine in 60 Theile, weil dann der
Sekel auf 262,4 Gran auskommt [1]). So lehrreich also diese
alten Gewichte sind, besonders weil sie uns, abgesehen von
dem sprachlichen (aramäischen [2]) Wortschatz, den sie uns bieten, einen Aufschluss geben über die uralten Gewichtssysteme
in Assyrien und Babylonien, und über das Landes- und
Königsgewicht, das identisch gewesen zu sein scheint [3]), so

---

1) Uns will es scheinen, als wenn die Gewichte nur dasselbe
Ergebniss über die babylonische Mine, welches man nach richtiger
Erkenntniss der bekannten Stelle aus Herodot (III, 89., vgl. dazu
Mommsen röm. Münzgeschichte S. 855. zu S. 13.) ermitteln kann,
bieten. Doch dies näher zu begründen ist hier nicht der Ort.

2) Dass die Inschriften nur in dieser Sprache und nicht in phönizischer abgefasst sind, etwa um sich mit den Handelsleuten des
phönizischen Volkes zu verständigen, unterliegt wohl keinem Zweifel.

3) Wir haben schon vorher auf die Stelle 2 Sam. 14, 26. אבן
המלך aufmerksam gemacht, das manche Erklärer = dem heiligen
Gewicht, im Gegensatz zu dem Landesgewicht annehmen. Unsere
Gewichte zeigen indessen, dass Königs- und Landesgewicht gleich
sei und es hindert nichts, auch dies für das hebräische Gewichtssystem

haben wir doch die vermeintlichen Theilungen nicht durch
sie bestätigt gefunden; die alte hebräische Mine aber in sie-
benzig und einige Sekel zu theilen, wie die babylonische,
scheint doch zu gewagt, einstweilen müssen wir uns mit einem
negativen Resultat begnügen.

Auch ein anderes in neuester Zeit von dem englischen
Consul Calvert zu Abydus, der alten berühmten Stadt am
Hellespont, aufgefundenes höchst interessantes Gewicht, ebenfalls in Form eines bronzenen Löwen, kann uns nicht den
gewünschten Aufschluss geben, weil es keine Aufschrift,
welche das Gewicht angiebt, hat, nur auf der Basis befindet
sich eine in altaramäischen Charakteren, welche wir also lesen:

אספרן לקבל סתריא זי כספא

„Genehmigt oder recht befunden, von Seiten des Satrapen,
der über das Silber gesetzt ist." Also nur eine Legalisirung
der Behörde ist auf dem Gewichte angebracht. Es wiegt in
seinem gegenwärtigen Zustande 825 englische Unzen (= 68
Pfund), also nicht volle 25 Minen, nach der obigen Annahme,
dass 15744 englische Gran auf eine Mine kommen. Denn, dass
das Gewicht aus derselben Quelle, aus dem babylonischen oder
vielmehr persischen Reiche, als dies noch in seiner Blüthe
stand, stamme, ist uns im Hinblick auf die Schrift und Sprache
des Monuments keinem Zweifel unterworfen. [1]) — Endlich wird

---

gelten zu lassen: zumal da שקל הקדש ausdrücklich für den Sekel
des Heiligthums oder den heiligen Sekel steht. Wir stimmen
denen vollkommen bei, welche mit den alten jüdischen Lehrern den
heiligen Sekel doppelt so viel werth halten, als den gewöhnlichen. S.
Böckh a. a. O. S. 60 fg.

[1]) Es ist mir unbekannt, ob bereits etwas Näheres, als eine kurze
Notiz im archäologischen Anzeiger von Gerhard (Nr. 145. Jan. 1861)
über das genannte Gewicht veröffentlicht ist, ich verdanke die Inschrift einem pariser Gelehrten. Die Schrift auf demselben ist ganz
gleich der auf den ältern Achemeniden-Münzen, welche de Luynes in
grosser Anzahl veröffentlicht hat. Die Sprache ist nach unserer Ansicht chaldäisch. Das אספרן erinnert sogleich an das biblische
אָסְפַּרְנָא des Buches Ésra (5. S. 6, S. 12. 13. 7, 17. 21. 26.), das nicht

uns jeder besonnene Forscher zustimmen, wenn wir für unsern Zweck ein in Nordafrika gefundenes bronzenes Monument,
das neben einem Namen, wahrsheinlich dem des Agoranomen,
die Worte enthält משקל מנה „Gewicht eine Mine" unbenutzt
lassen [1]), da carthagisches Gewicht aus relativ später Zeit
nichts für das der alten Hebräer beweisen kann.

Genauer, als über das Verhältniss des alten Sekel zur
Mine sind wir über das Gewicht der Sekel des Hasmonäer
Simon, sowie über das der andern jüdischen Silbermünzen [2])
durch diese selbst unterrichtet. Wir haben bereits oben an
verschiedenen Stellen über das absolute Gewicht der einzelnen
Stücke gesprochen und wollen nun hier noch etwas genauer
in Kürze darauf eingehen, weil aus dieser Untersuchung auch
ein Beleg für die Classification — für die Aechtheit bedür-
fen wir heutigen Tages nicht mehr dieser Stütze — hervor-
gehen wird.

Obgleich die höhere Gewichtseinheit von Talent und Mine
bei allen alten Culturvölkern sich findet, so war doch die Eintheilung dieser Gewichte bei verschiedenen Völkern eine verschiedene. Im Grossen und Ganzen [3]) lassen sich vier verschiedene Gewichtssysteme unterscheiden: das äginetische, attische, ptolemäische und syrische. Das attische Sy-

---

leicht zu erklären ist und durch unsere Inschrift, ebenso wie das
אֲחַשְׁדַּרְפְּנִים (Esth. 3, 12. 8, 9. 9, 3, Esra 8, 36.) durch סתריא, neues
Licht erhält.

[1]) Wir haben über dasselbe ausführlicher gesprochen in der
Zeitschrift der deutsch. morgenl. Gesellschaft XIV, S. 710 fg.

[2]) Wir schliessen das Gewicht der Kupfermünzen von unserer
Untersuchung hier aus, weil von jenen nicht immer genaue Wägun-
gungen vorhanden sind. Ueber das Verhältniss von Silber zum Kupfer
bei den Alten S. Mommsen a. a. O. S. 42. Letronne: Journal des
Savants 1833, p. 338. und Cavedoni a. a. O. I, S. 51. Anm. 30.

[3]) Wir verweisen auf die oft genannten Untersuchungen Mommsen's und Poole a. a. O. S. 358., wo man sich in Kürze über diesen
Gegenstand orientiren kann.

stem, dessen Talent 60 Minen, und dessen Mine hundert
Drachmen enthält, war das bei Weitem verbreitetste, seitdem
Alexander der Grosse es seiner Münzprägung zu Grunde legte.
Es wurde auch von den Seleuciden für die Reichsmünze benutzt, und noch zur Zeit Simons des Hasmonäers war es gang
und gäbe im syrischen Reiche. Die attische Mine wurde, wie
schon früher erwähnt, zu Drachmen von etwa 4 Grammen
und das am häufigsten cursirende Vierdrachmenstück zu 16—
17, 6 Grammen ausgemünzt. Dieses System aber wurde, wie
gleichfalls schon früher angedeutet worden, nicht von Simon
angenommen, obgleich der syrische König, welcher ihm die
Münzprägung gestattete, dasselbe in seinem Reiche benutzte
und gewiss auch in den ihm unterworfenen Ländern, mithin
in Palästina eingeführt hatte. Der Sekel oder das Vierdrachmenstück Simon's wog etwa 14½ Gramme (14, 55 Gramme
= 274 par. Gran) wie im tyrischen System oder nach der
Mana zuri (מנה צורי), wie dasselbe so häufig in thalmudischen Schriften benannt wird. [1] Die thalmudischen Lehrer
haben aber auch gewusst, dass dieses System ein uraltes in
Palästina heimisches gewesen war, indem sie es wiederholt
aussprechen „alle in der heiligen Schrift erwähnten Sekel (d. h.
der Sekel hakodesch, der heilige Sekel) sind nach tyrischem
Gewichte berechnet." Es wäre auch in der That eine ganz
auffallende Erscheinung, wenn der fromme Simon, der wie
sein Vater und seine Brüder für die alten jüdischen Satzungen
ihr Leben eingesetzt, ein ganz fremdes Gewichtssystem eingeführt hätte. Das hohe Alter des von Simon angenommenen
Systems geht schon daraus hervor, dass es mit dem äginäi-
schen übereinstimmt und in uralter Zeit von Babylon seinen
Ursprung genommen [2]. Zwar finden wir in Aegypten, bei

---

[1] Vgl. Kidusch. 11 b, Baba Kama 36 a, Bechoroth 50 b. und
Joseph. jüd. Krieg 2, 21, 2., wo es von Johannes von Gischala heisst:
„Er kaufte mit tyrischer Münze im Werth von vier attischen
Drachmen je vier Amphoren."

[2] S. Böckh a. a. O. Abschn. VI, 1.

den Ptolemäern auch ungefähr dasselbe System [1]) wie das
tyrische, und man könnte daher geneigt sein, wie dies in der
That auch von manchen Gelehrten geschehen ist [2]), von daher
Simon das Gewicht der Münzen entlehnen zu lassen, zumal Palästina etwa hundert Jahre unter ägyptischer Oberhoheit stand;
allein diese Annahme entbehrt aller Wahrscheinlichkeit, da
bei der Eifersucht Aegyptens und Syriens, die sich besonders
bei dem Besitz Palästina's oft genug gezeigt hatte, Simon
schwerlich die von dem syrischen Fürsten erhaltene Erlaubniss zur Münzprägung nach ptoleinäischem System missbraucht
hätte [3]), abgesehen davon, dass die jüdische Tradition vollkommen zu Gunsten der oben aufgestellten Ansicht spricht.
Dass das System leicht Eingang gefunden hat, kann, wie
wir oben S. 42. schon bemerkt haben, allerdings die Bekannt-
schaft mit dem ptolemäischen System, während der ägyptischen
Oberhoheit, wohl bewirkt haben. — Die tyrischen Vierdrachmenstücke, = dem simonischen Sekel, sind etwa zu 270 par.
Gran (= 14,33 Gramme) und mindestens zu 253½ (= 13,46
Gramme) ausgeprägt. Und diese Währung findet sich auch
bei den Sekeln Simon's; nach den verschiedenen Wägungen,
welche Böckh vorgenommen, hat er für jene Münzen das
durchschnittliche Normale von 274 par. Gran = 14,55 Gramme
festgestellt; die Angaben bei de Saulcy bestätigen dies Resultat. Wir finden hier für einen Sekel aus dem Jahre 1
und 2 die Werthe von 14,2 Gramme, und bei einem vom
Jahre 2: 13,7, vom Jahre 3: 14,50 und 14,65 [4]). Die Hälften,
7,1 Gr. (zweimal), entsprechen sehr genau den Ganzstücken.

Ein anderes Gewichtssystem ist bei den Münzen, welche
zur Zeit der Erhebung während Nero's Regierung von den

---

[1]) S. Mommsen a. a. O. S. 40 fg.
[2]) S. de Saulcy a. a. O. p. 24 fg.
[3]) S. Böckh a. a. O. S. 60.
[4]) Sämmtlich bei de Saulcy S. 17 fg. Es ist sehr zu bedauern,
dass Reichhardt (Zeitschr. d. d. m. G. XI. a. a. O.) die so seltenen Münzen, sowie ohne Bildniss, so auch ohne Gewichtsangabe, mitgetheilt hat.

Juden geprägt worden sind, zu beobachten. Diese sind, meint
Mommsen, nach antiochenischem Fuss geprägt. „Eine wich-
tige Rolle, bemerkt dieser Gelehrte [1]), hat in der Kaiserzeit
das antiochische Geld gespielt. Antiochia, das früher nur
Kupfer schlug, hat seit Augustus in Silber und Kupfer reich-
licher als irgend eine andere Stadt des römischen Reichs geprägt, das Vierdrachmenstück zwischen 15,28 und 14,23
Gramme. Nach diesem Fusse (heisst es S. 717.) hat Bar
Kochba seine Silbermünzen geprägt." Da nun diese vermeintlichen Bar Kochba-Münzen, die Vierdrachmenstücke zu 13,85.
13,80. 13,75. 13,18 Gramme [2]) geprägt sind, so muss man
annehmen, dass sie bedeutend untermünzt worden sind. Indem
wir aber nach obiger Untersuchung die meisten der genannten
Münzen der Zeit des neronischen Aufstandes zugeschrieben
haben, so möchten wir glauben, dass der neronische Denar
von 3,41 Gramme den Münzen des Aufruhrs zu Grunde gelegt
worden und daraus die Vervielfältigung entstanden sei. Wir
haben unter den Aufstandsmünzen einfache Denare, oder wenn
man will Drachmen, von 3,2. 3,10 und 3,20 Gramme, einzelne
derselben auch von Ben-Kosiba überprägt, indem er, wie früher gezeigt worden, Denare seiner Zeit mit denselben Typen, welche die Juden bei dem ersten Aufstande gebraucht
hatten, versah. Die obigen Werthe von 13,85 Gr. und so
fort sind dann als Vierdrachmenstücke zu betrachten, während Didrachmen (halbe Sekel) sich aus dieser Zeit noch nicht
gefunden haben [3]).

---

[1]) a. a. O. S. 37., vgl. auch S. 715 fg.

[2]) Die angegebenen Werthe sind den Schriften von de Sauley,
Cavedoni und Vogüé entnommen. Eben dasselbe gilt für die folgenden.

[3]) Die Kupfermünzen aus der Zeit des ersten jüdischen Aufstandes im Gewicht von 4,60. 5. 6. 6,5. 7,9. 9,20. 9,30. 9,60.
10,80. 11,4. 33,40. hat schon Cavedoni (I, S. 61. Anm. 36.) mit
dem römischen As und Dupondius und deren Vervielfältigung verglichen.

Dass endlich ein bestimmtes System für die Münzen,
welche Ben-Kosiba geprägt hat, sich nicht angeben lässt, versteht sich von selbst, er hat eben die Münzen, welche er vorfand, umgeprägt, bald römische Denare, bald auch antiochische
Vierdrachmenstücke; als Kupfermünze diente ihm natürlich die
römische Reichsmünze, die er ebenfalls zu seinem Zwecke
überprägt hat.

Anhang II.

Unächte jüdische Münzen.

Die Erfindung geprägter Münzen wird bekanntlich, wie die anderer nützlicher Künste, bei den Griechen und Römern Göttern und Heroen zugeschrieben, diese lassen Saturn und Janus, jene Erichthonius, Lykos, Theseus [1]) und Jonus Münzen schlagen. Die Araber bleiben in diesem Punkte nicht zurück, Kuthami [2]) erwähnt von Nimrod (Nemrûdâ) goldene Denare, und der Midrasch vindicirt seinem Zeitgenossen Abraham die Ehre zuerst die Welt mit Ausgabe von Geld beglückt zu haben. Vier sind es, heisst es Bereschith rab. cap. 39., von denen Münzen (מוניטין, monetae) [3]) ausgegangen, Abraham, von dem es heisst (1 Mos. 12, 2.): und ich werde dich zu einem grossen Volke machen, also gingen von ihm Münzen aus. Und wie sehen diese aus? Ein Greis und eine Greisin

---

[1]) Vgl. Böckh a. a. O. S. 76., s. auch Athen. XV, p. 692. und Macrob. Saturn. I, 7.

[2]) S. Chwolsön: Ueber die Ueberreste der babylonischen Literatur, S. 53. und 73., dazu v. Gutschmid: die nabathäische Landwirthschaft und ihre Geschwister, in der Zeitschr. der deutsch. morgenl. Gesell. XV, S. 42.

[3]) Die Auslegung des Midrasch beruht auf einem Wortspiel; moneta (Münze) und monitum (Andenken), beide von monco, klingen in מוניטין wieder (s. Beer: das Leben Abraham's S. 209.). Vgl. auch Isid. de orig. XVI, 17.: „moneta, quia monet, ne qua fraus in metallo vel pondere fiat;" also auch eine Art Midrasch, statt das Wort von der Juno moneta, in deren Tempel eine Münzstätte war, abzuleiten.

von der einen, und ein Jüngling und eine Jungfrau von der andern Seite. Sodann Josua, nach dem Worte der heiligen Schrift
(Jos. 6, 27.): „und es war der Herr mit Josua und sein Ruf
breitete sich aus über die ganze Erde"; seine Münzen gingen
in die ganze Welt. Welcher Art waren diese? Stier auf der
einen, und Büffel auf der andern Seite, nach dem Schriftwort
(5 Mos. 33, 17.): „sein erstgeborner Stier, er ist prächtig und
des Büffels (רְאֵם) Hörner, sind seine Hörner." Ferner David,
nach den Worten (1 Chr. 14, 17.): „Und David's Ruf verbreitete sich über alle Länder," also gingen seine Münzen über
die Welt. Und wie sahen sie aus? Stab und Hirtentasche auf
der einen und ein Thurm auf der andern Seite, nach dem
Verse (Hohel. 4, 4.): „wie der Thurm David's ist dein Hals".
Endlich Mordechai, denn es heisst (Esth. 9, 4.): „Denn
Mordechai war gross im Hause des Königs, und sein Ruf verbreitete sich über alle Provinzen", also gingen von ihm Münzen aus. Wie waren diese? Sack und Asche auf der einen
und eine goldne Krone auf der andern Seite. Mit dieser Mi-
draschstelle ist eine andere im Thalmud (Baba Kama 97 b.)
zu verbinden. In der Boraitha heisst es: „wie sah die Münze
von Jerusalem aus (איזהו מטבע של ירושלים)? David und Salomo
auf der einen und Jerusalem, die heilige Stadt, auf der andern
Seite. Und wie die Münze unsers Erzvaters Abraham? Ein
Greis und eine Greisin auf der einen und Jüngling und Jungfrau auf der andern Seite." Dazu Raschi: Greis und Greisin,
d. i. Abraham und Sara; und Jüngling und Jungfrau, d. i.
Isaak und Rebekka. Zum Ueberfluss bemerkt Tosaphoth, um
nicht gegen das Bilderverbot zu verstossen, es waren diese
Dinge nicht abgebildet, sondern nur darauf verzeichnet.

Das sind die Hauptstellen, nach deren Anleitung zum Theil
eine so grosse Masse falscher jüdischer Münzen fabricirt worden sind, dass sie die ächten in früherer Zeit beinahe an
Zahl übertrafen, so dass es uns nicht befremden darf, wenn
einzelne Gelehrte des vorigen Jahrhunderts behaupten, dass
sie in allen Münzcabineten nicht eine einzige ächte jüdische

Münze angetroffen haben [1]. Dass aber Originale von diesen
Stücken je vorhanden waren, wie einige Münzkenner nach dem
Ausspruch thalmudischer Lehrer behaupten wollen, müssen
wir ganz in Abrede stellen. Wir glauben, dass nie irgend
einem Rabbi zur Zeit des Thalmuds eine solche Münze im
Original vorgelegen habe, die Behauptung ist, wie man gesehen hat, eine blosse Spielerei mit dem Worte „moneta" und
die Beschreibungen der Münzen sind nur Abstractionen von
römischen oder griechischen, deren Typen man nicht mehr
zu deuten verstand und so gut es ging sich zurechtlegte.
So ist es auch mit der angeführten Thalmudstelle: „was ist die
Münze von Jerusalem", die weit davon entfernt das bereits
nicht mehr verstandene (oben angeführte) מעוה ירושלמיח zu
erklären, vielmehr die auf irgend einer römischen Kaisermünze
gefundenen Typen nach besten Kräften zum Verständniss sich
bringt, und so ward der Wahn, man habe eine Münze Jerusalem's gesehen.

Die Fälscher unserer Münzen sind im Ganzen bei ihrem
Geschäfte recht plump zu Werke gegangen. Die Abraham's-
Münze hat in der That kein Abbild, sie stellt sich etwa fol-
gendermaassen dar [2]:

י   ר   א   ש

Av. זקן וזקינה   ℞. בחור ובתולה

י   ר   א   ש

ganz treu nach dem Midrasch, Thalmud und seinen Commentatoren [3].

Bei andern gefälschten Münzen ist man nicht einmal treu
jenen Schriften gefolgt; so z. B. findet sich eine mit der Inschrift: דוד המלך וכנו שלמה המלך „König David und sein Sohn
König Salomo", und auf der andern Seite um eine Stadt oder

---

[1] S. Rasche: die Kenntniss antiker Münzen, S. 40.

[2] Abbildungen derartiger Münzen s. bei Hottinger: cippi he-
braici; Froelich: annales Syriae; Leusden: philologus hebr. mix-
tus II, p. 192. ed. Ultrajecti.

[3] Die einzelnen Buchstaben sollen die Namen Abraham, Sara,
Isaak und Rebekka bezeichnen.

einen Thurm: ירושלם עיר הקדש, „die heilige Stadt Jerusalem".
Consequenter Weise werden daher auch vom Thalmud (jerus.
Sanhedrin 2, 3.) dem König Saul Münzen zugeschrieben; das
Weib David's, Abigail, weigert sich sein Königthum anzuerkennen, da noch Geld von Saul cursirte (עדיין מוניטא דמרן שאול
קיים). Möglicherweise kann auch hier an monitum, Andenken, Ruf, gedacht sein.

Eine andere Münze hat um das Abbild Salomo's, eine
Krone auf dem Haupte tragend, die Worte: שלמה המלך, „der
König Salomo", und auf der andern Seite um ein Gebäude,
das den von ihm gebauten Tempel vorstellen soll: היכל שלמה,
„Tempel Salomo's". Selbst das Abbild Mose's mit seinem
Namen auf der einen und auf der andern Seite der Vers
(2 Mos. 20, 3.): לא יהיה לך אלהים אחרים על פני, „Es sollen dir
keine andern Götter vor meinem Angesichte sein", sind als
Münztypen anzutreffen. Gar häufig ist eine Münze mit dem
Christuskopf und dem Namen ישו, „Jesu", und der sonderbaren
Inschrift auf dem Revers: משיח מלך בא בשלום אלהים אדם עשוי
„der König Messia kommt in Frieden, Gott ist Mensch ge-
worden." [1]

Andere Fälschungen sind entweder nach ächten Original-
Münzen der Juden oder nach Beschreibung derselben mehr
oder minder glücklich ausgeführt. Der berüchtigte Hofrath
Becker, der nicht unbedeutende Kenntnisse in der Münzkunde,
und ausgezeichnete Fertigkeit Originale alter Münzen zu copi-
ren, besass, hat auch in seinem Verzeichnisse [2] einen Simon's-
Sekel vom Jahre 2, und ist dieser treu nach einem ächten
Stücke gearbeitet. Die Inschrift ist daher auch in althebräischer Schrift abgefasst. Die sonst cursirenden Sekel-Stücke
sind mit hebräischer Quadratschrift. Eins derselben geht auf

---

[1] Andere dergleichen Münzen, wie die von Adam und Eva, Kain
und Abel übergehen wir hier, man wird sie in den oben verzeichne-
ten Schriften finden.
[2] S. Pinder: die Becker'schen falschen Münzen beleuchtet,
S. 27. Nr. 127.

den König David zurück durch die alberne Aufschrift: שקל דוד‎ נשאר כלם באוצר ציון בבית המקדש‎, „Sekel David's, der verborgen geblieben im Schatze Zion's im Heiligthume", rings herum um einen Baum, zu dessen Seiten sich eine Urne mit Krone und Salbhorn und der Buchstabe ש (Abkürzung von שקל‎?) befinden. Die andere Seite hat um eine Vase mit einem dreitheiligen Zweige, an deren Seite ebenfalls Horn und Krone, und über diesen die Buchstaben ש ב, angebracht sind: יהוה שמר‎ ישראל (מלך?) כבוד בירושלים‎ „der Herr ist Hüter Israel's, König der Ehre (?) in Jerusalem". Am häufigsten ist jedoch ein sehr grosses (gegossenes) Silberstück mit einem Olivenzweig, mit vielen Blättern und Blüthen und der Inschrift: ירושלים הקדושה‎ „das heilige Jerusalem", auf der einen Seite, auf der andern um ein Gefäss, dem Rauch entsteigt: שקל ישראל‎ „Sekel Israels". Wer je einen ächten Sekel gesehen hat, wird sich schwerlich durch ein solches Machwerk täuschen lassen, abgesehen von andern Merkmalen, ist besonders die Aufschrift mit hebräischer Quadratschrift das sicherste Zeichen der Fälschung.

Druckfehlerverzeichniß.